"Jesus perguntou a seus discípulos: 'Vós... quem dizeis que eu sou?'. Esta é uma pergunta que todos nós temos de responder. De maneira clara e sucinta, Gilbert explora as páginas das Escrituras, para considerar a verdade das afirmações de Cristo a respeito de si mesmo. Esta é uma leitura essencial para o cristão e aquele que está buscando a Cristo."

Jim Daly, presidente, Focus on the Family

"A maior qualidade de Greg é sua habilidade de tornar profundas coisas simples. *O que é o Evangelho?* nos ajuda a distinguir o verdadeiro evangelho do falso; e *Quem é Jesus Cristo?* nos ajuda a distinguir Cristo, como ele se apresenta nas Escrituras, de como às vezes assumimos que ele é."

J. D. Greear, pastor, The Summit Church, Durham;
Autor de *Jesus, Continued...*
Why the Spirit Inside You Is Better than Jesus Besides You

"Não há, no universo, pergunta mais importante do que esta: quem é Jesus Cristo? Greg Gilbert, com mente brilhante e amor pastoral, desenvolve essa pergunta passo a passo, tanto em discernimento, quanto com acessibilidade. Quer você seja um cético que examina essas coisas pela primeira vez, quer seja um crente de muitos anos, este livro o levará exatamente aonde você precisa ir: à glória de Deus na face de Jesus Cristo."

Russel D. Moore, presidente, The Ethics & Religious Liberty Commission; Autor de Tempted and Tried

"Este livro faz duas coisas de uma só vez. Coloca Jesus no contexto de seu próprio tempo e mostra por que ele não pode, responsavelmente, ser deixado ali. É para aqueles que nunca pensaram em Jesus, bem como para aqueles que pensam que o conhecem muito bem."

Timothy George, deão fundador, Beason Divinity School; Editor geral, *Reformation Commentary on Scripture*

"Nitidamente cristão, mas respeitoso e educado para o cético, este livro nos ajuda a considerar Jesus com atenção. Gilbert lança nova luz sobre cenas familiares, unindo fatos com seu significado. Escrito com habilidade, mas claro e cheio de bela teologia bíblica. Aqui há um convite para que você, leitor, venha conhecer a Jesus."

Mark Dever, pastor principal, Capitol Hill Baptist Church, Washington, DC; Presidente, Ministério 9 Marcas

"As duas perguntas mais importantes que alguém precisa responder, concernentes a Jesus Cristo, são: Quem é ele exatamente? E como eu me relaciono apropriadamente com ele? Gilbert aborda estas perguntas de maneira eficiente neste importante livro. Desde o momento, em Cesareia de Filipe, onde Jesus perguntou a seus discípulos sobre as opiniões das pessoas a respeito de sua identidade, até agora, nenhuma outra pergunta tem tido consequências eternas tão imensas. Este livro perceptivo foi escrito com o toque do Espírito de Deus, em revelar a Jesus Cristo."

Paige Peterson, presidente, Southwestern Baptist Theological Seminary

"Este livro será uma ferramenta poderosa para apresentarmos aos outros a pessoa mais admirável que já viveu neste mundo!"

Ron Brown, Técnico, Cornhuskers,
Universidade de Nebraska

"Estou sempre procurando por um livro pequeno e claro sobre a vida de Jesus, que eu possa colocar nas mãos de alguém que deseja saber verdadeiramente quem ele é e o que fez. Agora, eu o tenho em *Quem É Jesus Cristo?* Greg Gilbert está certo: 'A história de Jesus não é a história de um homem bom. É a história de um Reivindicador do Trono'. Considere a evidência apresentada nesta obra e veja aonde ela o leva."

Daniel L. Akin, presidente, Southeastern
Baptist Theological Seminary

Quem é
Jesus Cristo?

Greg Gilbert

Apresentação por Trip Lee

```
G464q    Gilbert, Greg, 1977-
         Quem é Jesus Cristo? / Greg Gilbert ; apresentação
         por Trip Lee; [tradução: Francisco Wellington Ferreira].
         – 2. reimp. – São José dos Campos, SP: Fiel, 2021.

         165 p. – (9 marcas)
         Tradução de: Who is Jesus?
         Inclui referências bibliográficas.
         ISBN 9788581322872 (brochura)


         1. Jesus Cristo – Personalidade e missão. I. Título. II.
         Série.

                                                          CDD: 232
```

Catalogação na publicação: Mariana C. de Melo Pedrosa – CRB07/6477

Quem é Jesus?
Traduzido do original em inglês
Who Is Jesus? Por Greg Gilbert
Copyright © 2015 por Gregory D. Gilbert

∎

Publicado por Crossway Books, Um ministério de
publicações de Good News Publishers
1300 Crescent Street
Wheaton, Illinois, 60187, USA

Esta edição foi publicado através de um acordo
com Good News Publishers
Copyright © 2015 Editora Fiel
Primeira Edição em Português: 2015

*Todos os direitos em língua portuguesa reservados por
Editora Fiel da Missão Evangélica Literária*
PROIBIDA A REPRODUÇÃO DESTE LIVRO POR QUAISQUER
MEIOS, SEM A PERMISSÃO ESCRITA DOS EDITORES,
SALVO EM BREVES CITAÇÕES, COM INDICAÇÃO DA FONTE.

∎

Diretor: Tiago J. Santos Filho
Editor: Tiago J. Santos Filho
Coordenação Gráfica: Gisele Lemes
Tradução: Francisco Wellington Ferreira
Revisão: Elaine Regina Oliveira dos Santos
Diagramação: Rubner Durais
Capa: Rubner Durais
ISBN impresso: 978-85-8132-287-2
ISBN e-book: 978-85-8132-291-9

Caixa Postal, 1601
CEP 12230-971
São José dos Campos-SP
PABX.: (12) 3919-9999
www.editorafiel.com.br

*Para Justin,
Jack & Juliet*

Sumário

Sobre a Série 11

Apresentação por Trip Lee.. 15

1 — O que você pensa?... 19

2 — Um homem extraordinário e muito mais................... 31

3 — Rei de Israel, Rei dos reis... 47

4 — O grande "Eu Sou"... 63

5 — ... É um de nós 81

6 — O triunfo do último Adão... 95

7 — Cordeiro de Deus, sacrifício pelo homem................ 117

8 — Senhor ressuscitado, reinando do céu 141

Uma palavra final: quem você diz que ele é?..................... 163

Sobre
da Série

A série de livros *Nove Marcas* é fundamentada em duas ideias básicas. Primeira, a igreja local é muito mais importante à vida cristã do que muitos cristãos imaginam hoje. Nós, do ministério *Nove Marcas*, cremos que um cristão saudável é um membro de igreja saudável.

Segunda, igrejas locais crescem em vida e vitalidade, quando organizam sua vida ao redor da Palavra de Deus. Deus Fala. As igrejas devem ouvir e seguir. É bem simples. Quando uma igreja ouve e segue, ela começa a parecer com aquele que ela segue, refletindo seu amor e sua santidade. Ela demonstra a glória de Deus. Essa igreja parecerá com ele à medida que o ouve.

Com base nessas ideias, o leitor pode observar que todos os livros da série *Nove Marcas*, resultantes do livro *Nove*

Marcas de Uma Igreja Saudável (Editora Fiel), escrito por Mark Dever, começam com a Bíblia:

- pregação expositiva;
- teologia bíblica;
- um entendimento bíblico do evangelho;
- um entendimento bíblico da conversão;
- um entendimento bíblico da evangelização;
- um entendimento bíblico de membresia eclesiástica;
- um entendimento bíblico de disciplina eclesiástica;
- um entendimento bíblico de discipulado e crescimento;
- um entendimento bíblico de liderança eclesiástica.

Poderíamos falar mais sobre o que as igrejas deveriam fazer para serem saudáveis, tal como orar. Mas essas nove práticas, conforme pensamos, são frequentemente as mais ignoradas em nossos dias (o que não acontece com a oração). Portanto, a nossa mensagem básica às igrejas é esta: não atentem às práticas que produzem mais resultados, nem aos estilos mais recentes. Olhem para Deus. Comecem por ouvir a Palavra de Deus novamente.

Um fruto desse projeto abrangente é a série de livros *Nove Marcas*. Esses livros têm a intenção de examinar as nove marcas mais detalhadamente, por ângulos diferentes. Alguns dos livros têm como alvo os pastores. O alvo de outros são os membros de igreja. Esperamos que todos os livros da série combinem análise bíblica cuidadosa, reflexão teológica, consideração cultural, aplicação coletiva e um pouco de exortação individual. Os melhores livros cristãos são sempre teológicos e práticos.

Nossa oração é que Deus use este livro e os outros da série para ajudar-nos a preparar sua noiva, a igreja, com beleza e esplendor para o dia da vinda de Cristo.

Apresentação
por Trip Lee

Você já confundiu uma pessoa com outra? Lembro que estive numa festa com meu melhor amigo do ensino médio. Tínhamos acabado de chegar, quando vimos nossa amiga Nicole se divertindo no canto. No dia anterior, havíamos passado um tempo com Nicole e sua amiga grávida. Por isso, resolvemos ir até elas e cumprimentá-las. Meu melhor amigo disse olá para Nicole, passou a mão na barriga da amiga de Nicole e, com um sorriso cordial, perguntou amavelmente: "Como está o bebê?" O único problema era que aquela era outra amiga. E não estava nem um pouco grávida. Fiquei contente por não ter sido o primeiro a falar.

Talvez seja embaraçoso e engraçado cometer enganos, quanto à identidade de outras pessoas. Você corre o risco de parecer ridículo e ofender os outros; por isso, é melhor ter certeza antes de falar.

O livro que você tem nas mãos fala sobre reconhecer a identidade de uma pessoa, mas os riscos são muito mais elevados. Quando falamos de Jesus, estamos numa categoria totalmente diferente do reconhecimento de velhos amigos e conhecidos. Quando nos enganamos quanto à identidade de Jesus, isso é mais do que embaraçoso – é trágico.

Esta é a razão por que Greg Gilbert afirma, logo no início, que o título deste livro – *Quem é Jesus Cristo?* – é a pergunta mais importante que nos será feita. Ela pode parecer ridícula para interessados, céticos e até alguns cristãos, mas, se você continuar lendo, entenderá por que esta é uma pergunta vital. Certamente, não é topar repentinamente com o Príncipe da Paz na rua ou numa festa, porque esta questão não diz respeito a dar nome a um rosto. Diz respeito a responder a Jesus com a honra e a confiança que ele merece.

Por exemplo, Greg escreve: "Quando você começa a entender que Jesus é realmente Deus e que ele tem um relacionamento singular e exclusivo com Deus, o Pai, também começa a entender que, se quer conhecer o Deus que o criou, então precisa conhecer a Jesus. Não há nenhuma outra maneira."

Se Jesus foi apenas mais um homem que existiu, conhecê-lo não faz nenhuma diferença. Mas, se Jesus é o Filho de Deus e o único Salvador do mundo, conhecê-lo faz toda a diferença.

Muito frequentemente, entendemos Jesus apenas como mais um homem. Ou como outro bom mestre. Ou apenas como outro profeta. Mas nenhuma destas descrições é suficiente. Portanto, neste importante livro, Greg nos ajuda a pensar de maneira correta sobre quem Jesus realmente é.

Aprecio *Quem é Jesus Cristo?*, por ser um livro cativante. Amei a sua leitura. É tão simples que toda pessoa pode lê-lo; e trata de questões reais. Também aprecio este livro porque está cheio das Escrituras. Greg não está tentando criar novas maneiras de olharmos para Jesus. Está interessado apenas na verdade histórica. Quem é este Jesus? Por que isto é importante? Em vez de ouvir os historiadores que nunca viram Jesus, Greg se focaliza nas declarações de testemunhas oculares confiáveis, que conheceram Jesus. Ele se concentra na Palavra de Deus. Isto resulta num livro que tem autoridade e pode mudar vidas.

Jesus fez algumas afirmações radicais. Ele é, também, o homem a respeito do qual mais se tem falado em toda a história. Quem ele afirmava ser? Ele é realmente o que dizia ser? Não posso pensar em nenhum outro livro que ajude a responder a estas perguntas. Penso que você será abençoado por este livro, como eu fui.

Trip Lee
Rapper, pastor, autor,
Rise: Get Up and Live in God's Great Glory

Capítulo 1

O que Você Pensa?

Quem você pensa que Jesus é?

Talvez nunca tenha pensado muito nesta pergunta. De alguma maneira, isso é totalmente compreensível. Afinal de contas, estamos falando sobre um homem que nasceu no século I, numa desconhecida família de um carpinteiro judeu. Ele nunca exerceu qualquer cargo político, nunca governou qualquer nação, nunca comandou exércitos. E jamais conheceu sequer um imperador romano. Em vez disso, por três anos e meio, este homem Jesus apenas ensinou o povo sobre questões éticas e espirituais, leu e explicou as Escrituras judaicas para o povo judeu, e, se devemos crer no relato de testemunhas oculares sobre sua vida, ele também fez algumas coisas muito extraordinárias. Mas, Jesus também entrou em conflito severo com as autoridades de seus dias. E, não muito depois de haver começado seu ministério público, acabou sendo executado numa cruz por um governador provincial romano – um tipo de administrador imperial em favor do povo, que tinha o poder real.

Além disso, todas estas coisas aconteceram dois mil anos atrás. Então, por que ainda estamos falando sobre ele? Por que este homem Jesus é tão... inevitável?

Dê uma oportunidade para Jesus

Apesar do que você mesmo pensa a respeito de Jesus, podemos concordar no fato de que ele é uma pessoa importante na história do mundo. Um historiador respeitado disse o seguinte sobre a influência de Jesus: "Se fosse possível, com algum tipo de super-ímã, remover dessa história toda sobra de metal que portasse pelo menos um traço do nome de Jesus, quanto ficaria?"[1]. Essa é uma ótima pergunta, e a resposta talvez seja: "Não muito!"

No entanto, Jesus não é uma pessoa inevitável apenas de alguma maneira histórica e distante. Jesus é inevitável também de uma maneira muito mais próxima. Pense nisto:

---

1 Jaroslav Pelikan, *Jesus through the Centuries: His Places in the History of Culture* (Yale University Press, 1999), 1.

talvez você tenha, pelo menos, um ou dois conhecidos que dizem ser cristãos. É provável que eles vão regularmente à igreja e cantem canções a respeito de – ou para – Jesus. Se você insistir com eles sobre o assunto, talvez lhe dirão que têm um *relacionamento* com Jesus e que suas vidas são, de uma maneira ou outra, organizadas em redor dele. E não somente isso, a cidade em que você mora talvez tenha prédios de igrejas de vários tipos. Provavelmente, alguns desses prédios tenham comunidades florescentes de cristãos que se reúnem ali, aos domingos. O fato é que, para onde quer que você olhar, se estiver prestando atenção, verá lembretes deste homem específico, que viveu há quase dois mil anos. E tudo isso nos impõe a pergunta: quem é ele?

Não é uma pergunta fácil de responder, principalmente porque não conseguimos chegar a um consenso, em toda a sociedade, a respeito de quem Jesus era... ou é. Na verdade, poucas pessoas duvidam de sua existência. A grande maioria das pessoas concorda quanto aos fatos básicos de sua vida – onde e quando ele viveu, como ele morreu. Mas, apesar disso, há uma grande discordância, mesmo entre cristãos, a respeito do *significado* de sua vida e morte. Jesus era um profeta? Um mestre? Algo totalmente diferente? Era o Filho de Deus ou apenas um homem com muitos dons e talentos? E, pensando nisto, quem ele pensava que era? A morte de Jesus às mãos dos romanos fazia parte de um plano maior, ou ele apenas foi pego no lugar errado, na hora errada? E há a mais importante de todas as perguntas: depois de haver sido executado, Jesus permaneceu morto como o resto de nós permanece... ou não?

Apesar de toda a discordância, todos parecem concordar numa coisa: Jesus foi uma pessoa extraordinária. Ele fez e disse coisas que pessoas comuns não dizem, nem fazem. Além disso, as coisas que Jesus disse não eram apenas provérbios inteligentes ou conceitos éticos valiosos. Não eram conselhos a respeito de como viver melhor no mundo. Não, Jesus disse coisas como "Eu e o Pai [referindo-se a Deus] somos um" e "Quem me vê a mim, vê o Pai". E talvez a mais chocante de todas: "Ninguém vem ao Pai, senão por mim".[2]

Você percebe o que estou querendo dizer? Pessoas comuns não dizem coisas desse tipo! Eu e Deus somos um? Ninguém vem a Deus senão por mim? Essas afirmações não são ensinos éticos que você pode resolver incorporar à sua vida. São *asseverações*. São afirmações de Jesus, dizendo o que ele pensa é a *verdade*.

É claro que você pode não aceitar o que Jesus diz. Pode rejeitá-lo por completo. Mas considere: seria sensato fazer isso tão imediatamente? Não seria sensato conhecer um pouco este homem, antes de rejeitar totalmente o que ele disse a respeito

---

2 Jo 10.30; 14.9, 6.

de você? Permita-me ser ousado e fazer um pedido, visto que você foi tão bondoso que pegou este livro e começou a lê-lo: dê uma oportunidade para Jesus. Talvez aconteça que, ao aprender mais sobre ele, você compreenda que há realmente boas razões para crer no que ele disse – a respeito de si mesmo, de Deus e de *você*.

Onde você pode aprender sobre Jesus?

Então... como alguém chega a conhecer um homem que viveu há dois mil anos atrás? Ainda que você começasse com a crença na ressurreição, isso não é como se pudesse bater à porta do céu e sentar-se com Jesus para uma conversa, enquanto tomam uma xícara de café. Então, onde você pode aprender sobre Jesus? Muitos documentos históricos fazem referência à existência, à vida e até à ressurreição de Jesus; e você pode até obter uma ou outra informação nesses documentos. Entretanto, a maioria desses documentos têm pelo menos dois problemas. Por um lado, muitos deles foram escritos muito tarde – às vezes, centenas de anos depois de Jesus – e não nos ajudam muito a saber quem ele era *realmente*. Não somente isso. Na maioria dos casos, até o melhor desses documentos não fala muito sobre Jesus. Estão interessados em outros assuntos e, por isso, apenas mencionam Jesus ou se referem a ele, em vez de nos falarem sobre ele em qualquer detalhe.

No entanto, há um enorme tesouro de informação sobre Jesus – relatos detalhados, pessoais e específicos, de testemunhas oculares, sobre o que ele disse, o que fez e o que ele era. Esse tesouro é a Bíblia.

Agora, espere um momento antes de você fechar este livro! Conheço algumas pessoas que se retraem quando a Bíblia é mencionada, porque pensam na Bíblia como "o livro dos cristãos" e, portanto, acham que ela é tendenciosa e inútil para dar uma informação exata. Se isso é o que você pensa, então, crendo nisso ou não, gostaria de dizer-lhe que você está meio certo. A Bíblia é, de fato, o livro dos cristãos. Sem dúvida, os documentos do Novo Testamento, que formam a segunda parte da Bíblia, foram escritos por pessoas que acreditavam no que Jesus disse e, também, acreditavam que os documentos do Antigo Testamento antecipavam a vinda de Jesus. Essas pessoas eram crentes. Isso é inegável. Mas, isso *não* significa que elas tinham uma agenda insidiosa. Pense nisto: qual teria sido a agenda deles? Formar um nome para si mesmos? Ganhar dinheiro? Tornarem-se governantes poderosos de uma igreja muito rica? É claro que você pode especular sobre isso, mas o plano falhou espetacularmente. A maioria das pessoas que escreveram os documentos do Novo Testamento sabiam que seriam mortas, por falarem a respeito de Jesus. *E, apesar disso, continuaram anunciando-o.*

O que você pensa?

Você percebe a realidade? Se o seu alvo ao escrever um relato de algo é apenas ser notado, tornar-se poderoso ou ficar rico, você não se prende à história, quando o engano é descoberto, e sua cabeça está prestes a ser decepada. A única razão pela qual você se prende à história, nessas circunstâncias, é se o seu alvo é *contar o que realmente aconteceu*. Isso é o que temos na Bíblia – uma coleção de relatos de testemunhas oculares, que acreditavam no que Jesus disse e escreveram seus livros para darem uma descrição exata de quem ele era, o que disse e o que fez. Então, como você pode chegar a conhecer Jesus? A melhor maneira é lendo esses documentos – ou seja, lendo a Bíblia.

Ora, os cristãos creem que a Bíblia é mais do que apenas uma coleção das melhores informações sobre Jesus que podemos acessar. Creem que a Bíblia é a Palavra de Deus, significando que Deus mesmo guiou homens a escrever o que ele mesmo queria dizer, de modo que todas as coisas que escrevessem fossem totalmente verdadeiras. Provavelmente você já imaginou isso, mas eu sou um cristão e creio nisso a respeito da Bíblia.

No entanto, talvez isto seja mais do que você pode aceitar agora. Tudo bem. Ainda que você não creia que a Bíblia é a Palavra de Deus, os documentos que ela contém continuam sendo uma questão de história. São os escritos de pessoas que tencionavam oferecer um relato exato de Jesus. Portanto, aproxime-se agora desses documentos, admitindo esta natureza deles. Faça-lhes perguntas, leia-os de modo crítico e atencioso, como faria com qualquer outro documento histórico. Pergunte a si mesmo: "Eu acho que isto é verdadeiro ou não?" Tudo que estou pedindo é que você se aproxime desses documentos da maneira correta. Não os jogue abruptamente em alguma caixa rotulada "Refugo Religioso" e decida, sem consultá-los, que eles são tolos, primitivos e falsos.

Veja, as pessoas que escreveram os documentos do Novo Testamento eram pessoas inteligentes. Eram habitantes e cidadãos do império mais poderoso na face da terra. Liam filosofia e literatura que ainda lemos nas escolas, hoje. (De fato, se você é um pouco como eu, eles provavelmente liam esses livros mais atenta e diligentemente do que você já o fez!) Além disso, eles conheciam a diferença entre fato e ficção. Sabiam o que era engano e ilusão, e entendiam como essas coisas diferiam de história e verdade. De fato, os escritores do Novo Testamento mantiveram as distinções entre essas coisas muito mais nítida e cuidadosamente do que o fazemos. E o que você percebe, à medida que lê os seus escritos, é que eles acreditavam no que diziam a respeito deste homem Jesus. Estavam *admirados* com o que diziam, mas acreditavam no que diziam, e queriam que outros cressem nisso. Por essa razão, escreveram na esperança de que pessoas lessem o que estavam dizendo, conhecessem a Jesus e, talvez, chegassem a compreender que ele é, realmente, digno de que creiamos e confiemos nele.

Isso é o que espero que este livro o ajude a fazer – conhecer a Jesus por meio dos escritos desses primeiros cristãos. Não consideraremos, página por página, cada um dos documentos do Novo Testamento. Em vez disso, usaremos todas essas fontes para tentar conhecer Jesus, da mesma maneira como alguém que o estava seguindo o conheceu – primeiramente, como um homem extraordinário que fazia coisas totalmente inesperadas, mas, depois, com a nova compreensão de que "extraordinário" nem mesmo começa a descrevê-lo. Ele é um homem que reivindicava ser um profeta, um salvador, um rei, o próprio Deus – um homem cujos ouvintes teriam sido perfeitamente justificados em chamá-lo de lunático ou charlatão, se não tivesse continuado a *fazer* coisas para comprovar suas reivindicações! Além disso, ele tratou as pessoas de modos inesperados – compaixão para os rejeitados, ira para os poderosos e amor para os não amáveis. E, acima de tudo isso, apesar de suas reivindicações, Jesus não agiu como um rei ou um deus. Quando lhe foi oferecida uma coroa, ele a recusou. Disse a seus seguidores que ficassem quietos a respeito de quem ele realmente era e, em lugar disso, falou como as autoridades o crucificariam, como um criminoso comum. Mas, outra vez, ele falou como se tudo isso fizesse parte de seu plano. Pouco a pouco, enquanto o viam e o ouviam, os seguidores de Jesus chegaram a crer que ele era mais do que apenas um homem extraordinário. Era mais do que um mestre, mais do que um profeta, mais do que um revolucionário, até mais do que um rei. Como um deles lhe disse certa noite: "Tu és o Cristo, o Filho do Deus vivo".[3]

A pergunta mais importante que você precisa considerar

Então, quem é Jesus Cristo? Essa sempre tem sido a questão. Desde o momento em que os pastores apareceram, afirmando que anjos lhes haviam falado sobre aquele nascimento, até ao dia em que Jesus causou admiração nos discípulos por aquietar o mar, e ao momento em que o sol parou de brilhar no dia em que ele morreu, todos estavam sempre perguntando: "Quem é este homem?"

Talvez, você começou a ler este livro não sabendo muito a respeito de Jesus. Talvez até já saiba um pouco sobre Jesus. Em qualquer dos casos, espero que, durante a sua leitura, enquanto exploramos juntos a vida de Jesus, você consiga conhecê-lo melhor – não tanto como um assunto acadêmico ou um

---

3 Mt 16.16.

personagem religioso, mas como o homem que os primeiros cristãos conheciam pessoalmente e como um amigo. Espero que você perceba o que os deixou admirados com Jesus, e que você termine a leitura entendendo melhor por que milhões dizem: "Este é o homem em quem confio, quanto à minha eternidade".

Além disso, espero que este livro o desafie a levar a sério as afirmações de Jesus. Quando alguém afirma ser o seu Deus, você tem apenas duas escolhas, certo? Pode rejeitar a afirmação ou pode aceitá-la. O que você *não pode* fazer, pelo menos por muito tempo, é suspender o julgamento e apenas ver como as coisas se desenrolarão. Jesus afirmou coisas admiráveis a respeito de si mesmo, mas também a respeito de você. Quer você goste, quer não, isso tem implicações radicais para sua vida. Portanto, espero que este livro o desafie a pensar sério a respeito de Jesus, ajude-o a ver mais claramente essas afirmações e implicações, e o leve uma resposta firme para a pergunta "Quem é Jesus?"

Realmente, esta é a pergunta mais importante que você precisa considerar.

Capítulo 2

Um Homem Extraordinário E Muito Mais

Eram dez para as oito, quando um homem de aparência comum, numa sexta-feira de manhã, subiu a escada rolante numa agitada estação de metrô, em Washington DC, posicionou-se contra uma parede e abriu seu estojo de violino. Tirou seu instrumento, que mostrava a idade – o acabamento nas costas estava desgastado em algumas partes de toda a madeira; e passou o estojo em redor para receber qualquer doação que passantes quisessem dar. Depois, começou a tocar.

Nos 45 minutos seguintes, enquanto ele tocava uma seleção de músicas clássicas, mais de mil habitantes atarefados de Washington passaram às pressas por ali. Um ou dois inclinaram a cabeça, apreciando claramente o som, mas nenhuma multidão se formou ao redor do violinista. Uma pessoa compreendeu que estava adiantada três minutos para o trabalho, por isso encostou-se numa coluna e ficou ouvindo – por exatamente três minutos. A maioria, porém, apenas seguiu para seus negócios, lendo seu jornal, ouvindo seu tocador de música, apressando-se para algum compromisso que aparecia em sua agenda eletrônica.

A música foi excelente! Encheu a arcada, fluindo com precisão incrível, e deixou algumas pessoas pensando que, pelo menos nos poucos segundos em que prestaram atenção, parecia realmente algo especial. O próprio músico não tinha uma boa aparência – camiseta preta de mangas compridas, calça preta, boné de baseball do Washington Nationals – mas, apesar disso, se você parasse para ouvir, não poderia deixar de notar que aquilo era muito mais do que apenas um músico tocando violino para ganhar alguns trocados. Como músico, ele foi admirável. Um homem até comentou, depois, que "a maioria das pessoas toca música, mas não a *sentem*. Bem, esse homem estava *sentindo* a música. Estava inspirado. Inspirado com a música". Se você o ouvisse, ele falou, "diria num segundo que ele era realmente bom".[1]

Bem, é claro que você diria. Porque não era *qualquer* músico que estava tocando violino, naquela manhã de sexta-feira.

---

1 Gene Weingarten, "Pearls Before Breakfast", *The Washington Post*, April 2007.

Nem mesmo um músico que era extraordinário. Era Joshua Bell, um *virtuose* de 39 anos de idade, aclamado internacionalmente, que toca geralmente nos locais mais celebrados no mundo, para multidões que o respeitam tanto que reprimem sua tosse até às intermissões. Não somente isso, mas, naquela manhã, Bell estava tocando algumas das mais requintadas músicas barrocas já escritas e o estava fazendo num *Stradivarius* de 300 anos de idade, estimado em três e meio milhões de dólares!

Toda a cena foi planejada para ser bela: a mais linda música já escrita, tocada num dos instrumentos mais excelentemente calibrados, por um dos mais talentosos músicos vivos. Mas, apesar de tudo isso, você tinha de *parar e prestar atenção* para ver como era realmente belo!

Mais do que extraordinário

Muito da vida é assim, não é? Em toda a agitação de trabalho, família, amigos, contas e diversão, coisas como beleza e grandeza, às vezes, não ficam longe de nossos pensamentos? Não temos tempo para apreciá-las, porque fazer isso exige que paremos e prestemos atenção a coisas além do urgente.

A mesma coisa é verdadeira, no que diz respeito a Jesus. A maioria de nós, se sabemos algo a seu respeito, nós o sabemos apenas na superfície. Talvez, saibamos um pouco das mais famosas histórias a respeito dele ou possamos citar algumas de suas mais famosas declarações. Sem dúvida, nos dias de Jesus, havia algo a seu repeito que atraía a atenção das pessoas. Ele era um homem extraordinário. Mas, se você quer realmente conhecer a Jesus – entendê-lo e assimilar seu verdadeiro significado – precisa olhar com mais profundidade. Precisa ir além dos debates costumeiros, das citações comuns e das histórias familiares, para que veja o que está além da superfície. Porque, como o violinista no metrô, seria um erro trágico identificar a Jesus *meramente* como um homem extraordinário.

Então, sejamos honestos. Ainda que você não seja um tipo de pessoa "religiosa", ainda que não aceite imediatamente a ideia de que Jesus era o Filho de Deus ou o Salvador do mundo, tem de admitir que ele realmente chamava a atenção. Repetidas vezes, Jesus fez coisas que atraíam os olhos de seus contemporâneos, dizia coisas que os deixava admirados de sua sabedoria e até os confrontavam de maneiras que os deixavam procurando meios para entender o que ele dissera.

A princípio, teria sido fácil confundir Jesus com mais um dos inúmeros líderes religiosos que apareceram, ganharam evidência, caíram e desapareceram em e ao redor da Jerusalém do século I. Ensino religioso, naqueles dias, não era o que é hoje. Sim, as pessoas ouviam para ganhar discernimento, entender melhor as Escrituras e aprender como viver mais justamente, mas, acredite ou não, também ouviam líderes religiosos por puro entretenimento. Afinal de contas, se não existiam filmes, televisões e celulares, o que se podia fazer para ter diversão? A pessoa saía e ia ouvir um pregador!

Embora isso pareça estranho, nos ajuda a entender como Jesus era um mestre singularmente *bom*. Visto que os israelitas do século I ouviam, muito frequentemente, muitos mestres, eles tinham opiniões sobre os mestres que eram tão concordantes quanto as nossas opiniões sobre os atores de filmes. Eles não se impressionavam facilmente. Portanto, vale a pena parar e observar o que estava acontecendo quando a Bíblia diz, várias vezes, que pessoas ficaram "maravilhadas" com o ensino de Jesus.

Essa afirmação incrível aparece nos evangelhos – os quatro relatos bíblicos da vida de Jesus – não menos do que dez vezes.[2] Eis um exemplo registrado por Mateus, depois que Jesus ensinou no lado de um monte: "Quando Jesus acabou de proferir estas palavras, estavam as multidões maravilhadas da sua doutrina; porque ele as ensinava como quem tem autoridade e não como os escribas".[3] Não ignore o comentário aqui! As pessoas estavam dizendo que os escribas – aqueles cujo traba-

---

2 Mt 7.28; 13.54; 19.25; 22.33; Mc 1.22; 6.2; 7.37; 10.26; 11.18; Lc 4.32.
3 Mt 7.28-29.

lho era ensinar com autoridade – não podiam se equiparar a Jesus e a seu ensino. E foi assim em todo lugar em que Jesus foi, e toda vez que ensinou.

Às vezes, a emoção foi descrita em palavras diferentes. Veja a reação manifestada na primeira vez que ele pregou na cidade em que crescera: "Todos lhe davam testemunho, e se maravilhavam das palavras de graça que lhe saíam dos lábios".[4]

E esta foi a reação demonstrada numa pequena cidade pesqueira chamada Cafarnaum: "Maravilhavam-se da sua doutrina, porque os ensinava como quem tem autoridade e não como os escribas".[5]

De volta à sua cidade, outra vez: "Muitos, ouvindo-o, se maravilhavam, dizendo: Donde vêm a este estas coisas? Que sabedoria é esta que lhe foi dada?"[6]

E, depois, na grande exibição – em Jerusalém, no templo: "Os principais sacerdotes e escribas ouviam estas coisas... o temiam, porque toda a multidão se maravilhava de sua doutrina".[7]

Repetidas vezes, a reação a Jesus foi um tipo de incredulidade perplexa e discordante.[8] Numa cultura que via o ensino

---

4 Lc 4.22.
5 Mc 1.22.
6 Mc 6.2.
7 Mc 11.18.
8 Ver também Mt 13.54; 22.22, 33.

como uma de suas formas primárias de entretenimento público, Jesus teve avaliações extraordinárias!

Por que tão admirável?

Mas, por quê? O que era tão incomum e chamava tanta atenção, no ensino de Jesus? Em parte, era o fato de que, ao ser desafiado e questionado, Jesus demonstrou ser habilidoso em responder aos desafios. Ele se recusava ser apanhado em armadilhas verbais ou intelectuais, e, de fato, sempre conseguia lançar de volta o desafio para aquele que o havia proposto. E, mesmo nessas ocasiões, ele o fazia de uma maneira que não somente vencia a argumentação, mas também desafiava espiritualmente todo aquele que o ouvia. Permita-me mostrar-lhe um exemplo.

Mateus 22 relata uma ocasião em que Jesus estava ensinando no templo, em Jerusalém, e um grupo de líderes judeus se aproximou dele para desafiá-lo. Ora, esse não foi um encontro acidental. Os líderes haviam planejado toda a coisa; a história até começa dizendo que os fariseus "consultaram entre si como o surpreenderiam em alguma palavra". Também queriam fazer isso publicamente; por essa razão, foram até o templo, enquanto Jesus ensinava ali, talvez até abriram caminho por entre a multidão e o interromperam.

Começaram com bajulação: "Mestre", falaram eles, "sabemos que és verdadeiro e que ensinas o caminho de Deus, de acordo com a verdade, sem te importares com quem quer que seja, porque não olhas a aparência dos homens". Você pode perceber o que eles estavam fazendo – tentando forçar Jesus a responder por darem a entender que, se ele não respondesse, era um charlatão e trapaceiro.

Assim, preparado o caminho, fizeram uma pergunta a Jesus: "Que te parece? É lícito pagar tributo a César ou não?"[9] Esta pergunta deve ter exigido algum tempo e planejamento para ser criada, porque é esquisita em sua precisão. Seu objetivo era colocar Jesus contra a parede e, de uma maneira ou de outra, acabar com sua influência e, talvez, levá-lo preso. Eis como: naqueles dias, a opinião predominante entre os fariseus – e ensinavam isso ao povo – era que dar qualquer honra, incluindo impostos, a um governo estrangeiro era realmente *pecaminoso*. Fazer isso, eles pensavam, era inerentemente desonroso a Deus. Então, considere isto: como os fariseus queriam que Jesus respondesse à sua pergunta? Por concordar publicamente com eles, quanto ao fato de que pagar os impostos era ilícito e inerentemente desonroso a Deus – ou não?

A verdade é que eles não se preocuparam com a maneira como Jesus responderia. Eles achavam que o tinham apanha-

---
9 Mt 22.15-17.

do. Por um lado, se Jesus dissesse: "Sim é lícito pagar impostos", a multidão ficaria furiosa, e a influência de Jesus seria destruída. Por outro lado, se ele dissesse: "Não, não paguem os impostos", estaria correndo o risco de sofrer a ira dos romanos por incitar sedição publicamente e, talvez, seria preso – e, nesse caso, sua influência também acabaria. Em qualquer dos casos, isto é o que os fariseus queriam – o fim de Jesus como uma força cultural. Mas Jesus escapou da armadilha, reverteu totalmente a situação e deixou todos eles, de novo, admirados.

"Mostrai-me a moeda do tributo", ele disse. Deram-lhe uma moeda. Jesus olhou para a moeda e a ergueu para a multidão. "De quem é esta efígie e inscrição?", ele perguntou. Era uma pergunta fácil. "De César", responderam. E estavam certos. Bem ali, na moeda, estava a efígie e o nome do imperador Tibério César. Era a moeda dele. Pertencia a ele. Continha uma representação da face de Tibério, fora feita em suas casas de moeda, e o povo judeu estava evidentemente feliz em usar aquelas moedas para seu próprio benefício. Em vista disso, por que *não deveriam* dar de volta a César o que era evidentemente dele? Por isso, Jesus lhes disse: "Dai, pois, a César o que é de César, e a Deus o que é de Deus".[10]

Ora, essa resposta parece bastante direta, não parece? É a moeda de César; paguem o tributo. Mas, apesar disso, a Bíblia

---
10 Mt 22.19-21.

diz que, ao ouvirem a resposta, as pessoas se admiraram. Por que? Bem, por um lado, Jesus havia redefinido a maneira como os judeus deveriam pensar, quanto ao seu relacionamento com os romanos e, ao mesmo tempo, havia solapado o ensino dos fariseus. Independentemente de como alguém entendesse o assunto, não era desonroso a Deus, de maneira alguma, dar a César o que era legítima e evidentemente dele.

Mas havia outro nível de profundeza no que Jesus disse, e isso foi o que deixou as pessoas de boca aberta, em admiração. Pense de novo na pergunta que Jesus fez, quando mostrou a moeda à multidão. "De quem é esta efígie e inscrição?", ele perguntou, e, quando responderam que era de César, Jesus tomou isso como prova de posse. Era a imagem de César na moeda, e, por isso, ele a possuía, e eles deveriam dar a César o que era de César. Mas – e aqui esta a pegadinha – vocês devem também dar a Deus o que pertence a Deus. Ou seja, vocês devem dar a Deus aquilo que contém a *sua* imagem. E o que é isso exatamente?

É claro que todos na multidão sabiam o que era. Jesus estava falando sobre Gênesis 1.26-27, onde Deus anunciou seu plano para criar a humanidade, dizendo: "Façamos o homem à nossa imagem, conforme a nossa semelhança... Criou Deus, pois, o homem à sua imagem, à imagem de Deus o criou". Você percebe? Jesus estava falando ao povo sobre algo muito mais profundo do que filosofia política. Estava dizendo que, assim como a imagem de César na moeda, a imagem de Deus é refletida no âmago do ser humano. Portanto, você pertence a Deus! Sim, há certa honra que é dada a César, quando você reconhece a imagem dele e lhe devolve a moeda que lhe pertence. Entretanto, honra infinitamente maior é dada, quando você reconhece a imagem de Deus em você mesmo e dá-se a *si mesmo* – seu coração, alma, mente e força – a ele.

Espero que você perceba o que Jesus estava dizendo aos seus ouvintes. Muito mais importante do que qualquer discussão sobre filosofia política, ou sobre o relacionamento de uma nação com outra, é a questão do relacionamento de cada ser humano com Deus. Jesus estava ensinando que todos nós fomos criados por Deus, que você é realmente criado por Deus. Você é criado à imagem e semelhança de Deus. Portanto, você pertence a Deus e é responsável para com ele. Por isso, Jesus disse, você deve dar a Deus o que, por direito, é dele – nada menos do que todo o seu ser.

Ninguém fez coisas como essas

Não é surpreendente que as pessoas tenham ficado admiradas com o ensino de Jesus. Em poucas sentenças, ele conseguiu colocar seus adversários em dificuldade, redefinir a teologia política predominante de seu tempo e, ao mesmo tempo, incutir o fato mais fundamental da existência humana. Esse tipo de ensino teria sido, por si mesmo, suficiente para atrair uma multidão!

Mas houve também os milagres. Centenas e centenas de pessoas viram, com os próprios olhos, Jesus fazendo coisas que nenhum ser humano seria capaz de fazer. Ele curou pessoas de doenças; fez água se transformar instantaneamente em vinho de ótima qualidade; mandou os paralíticos andarem de novo, e eles o fizeram; trouxe sanidade a pessoas que estavam desesperadamente insanas. Até fez pessoas que estavam mortas retornarem à vida.

Não é verdade que as pessoas daqueles dias eram inescusavelmente ingênuas quanto a essas coisas. Sim, elas viveram muito tempo atrás, mas isso não significa que eram primitivas ou estúpidas. Não andavam de um lado para o outro afirmando que tinham visto milagres todos os dias. De fato, essa é a razão por que, cada vez que você lê um novo parágrafo da Bíblia, não vê alguém se levantando de olhos arregalados em admiração do que acontecera. Essas pessoas foram tomadas de *surpresa* ao verem Jesus fazendo estas coisas! Aliás, precisamente porque muitas pessoas estavam tentando fazer um nome para si mesmas como gurus religiosos, os judeus do século I haviam se tornado incrivelmente bons em identificar charlatões e impostores. Eram mestres em detectar ilusões de mágicos e dar risos, quando rejeitavam homens que tentavam passar mais um truque por "milagre". Ingênuas seria a última maneira como você descreveria essas pessoas.

No entanto, Jesus as deixou admiradas. Diferentemente de todos os outros, este homem era realmente extraordinário. Os outros homens tiravam coelhos de cartolas. Este homem curava pessoas às centenas, até mesmo quando estava fisicamente cansado e precisava dormir. Ele pegou dois peixes e cinco pães e fez deles uma refeição para cinco mil pessoas, que se tornaram imediatamente testemunhas oculares do acontecimento. Parou ao lado de um homem que era paralítico havia anos, lhe disse que se levantasse e andasse – e o homem se levantou e andou. Este homem se levantou na proa de um barco e ordenou ao mar que se aquietasse – e o mar se aquietou. Colocou-se de pé em frente ao túmulo de um homem que estava morto havia quatro dias e o chamou de volta à vida. O homem o ouviu, levantou-se e saiu do túmulo.[11]

Ninguém fez coisas como essas.

Nunca.

E as pessoas ficaram admiradas.

---

11 Mt 8.24-27; 9.6-7; 14.13-21; Jo 11.43.

Tudo para cumprir um propósito

No entanto, houve mais ainda. Se você prestar atenção realmente, se for além da maravilha de tudo isso e fizer a pergunta mais profunda de *por que* Jesus fazia tudo isso, poderá começar a ver que tudo foi realizado para cumprir um propósito.

Você percebe que, em cada um dos milagres e em cada um dos sermões de Jesus, ele estava fazendo e *respaldando* afirmações, a respeito de si mesmo, que nenhum ser humano jamais fizera. Considere, por exemplo, o sermão mais famoso de Jesus, o Sermão do Monte, em Mateus 5 a 7. A princípio, este sermão quase parece uma arenga comum e moralista, do tipo faça isto e não aquilo. Não faça juramentos; não cometa adultério; não cobice; não fique irado. Mas, examinando-o com atenção, você observa que "como se comportar" não é o ensino principal. De fato, o Sermão do Monte é, primariamente, Jesus fazendo uma afirmação audaciosa de que tem o direito de *interpretar a lei de Israel no Antigo Testamento* – de dizer o que ela significa e por que ela está em primeiro lugar! Essa é a razão por que Jesus disse, repetidas vezes, no sermão: "Ouvistes que foi dito... Eu, porém, vos digo".[12] A ênfase está no "eu". Jesus estava fazendo uma afirmação radical de que ele era o legítimo Legislador de Israel. E veja *onde* ele estava fazendo esta afir-

---
12 Mt 5.21-44.

mação: deliberadamente no topo de uma montanha. E é claro que os israelitas lembrariam que o grande Legislador (ou seja, Deus) deu ao seu povo a lei do Antigo Testamento, ao falar-lhes *do topo de uma montanha*![13] Você percebe? Jesus estava reivindicando para si mesmo uma autoridade impressionante, que ninguém jamais ousou reivindicar.

Então, houve o que ele disse para Marta em frente ao sepulcro de seu irmão, que estava morto: "Teu irmão há de ressurgir". Parece que Marta apreciou a lembrança. "Eu sei", ela respondeu, "Ele há de ressurgir na ressurreição, no último dia". Em outras palavras, sim, sim, eu sei; obrigado por seus sentimentos amáveis; foram muito confortadores para mim neste tempo difícil. Mas ela não entendeu o que Jesus quis dizer. Teria sido muito impressionante, se Jesus lhe tivesse dito: "Não, estou dizendo que eu o ressuscitarei daqui a alguns minutos, quando eu falar com ele". Entretanto, ele disse muito mais do que isso. Jesus disse: "Eu *sou* a ressurreição e a vida".[14] Atente para isso! Ele não estava dizendo apenas "Eu *posso dar* vida", e sim: "Eu *sou* a vida!"

Realmente, que tipo de homem diz coisas como essas? Que tipo de homem ouve seu amigo dizer em temor: "Tu és o Cristo, o Filho do Deus vivo" e lhe responde, em essência,

---
13 Êx 19.16-20.
14 Ver Jo 11.23-25.

com: "Exatamente. E foi Deus mesmo quem te disse isso"? Que tipo de homem é indagado pelos líderes de sua nação: "Tu és o Cristo, o Filho de Deus?" e responde: "Eu sou. E vereis o Filho do Homem assentado à direita do Todo-Poderoso e vindo sobre as nuvens do céu!".[15]

Certamente, nenhum homem comum – nenhum homem que apenas quer ser reconhecido como um grande mestre, ou honrado como uma grande pessoa, ou lembrado como um filósofo influente. Não, uma pessoa que fala de si mesmo nestes termos está afirmando algo mais elevado, mais glorioso e mais supremamente profundo do que qualquer coisa dita por esses indivíduos. E isso é exatamente que Jesus estava fazendo, pelo menos para aqueles que estavam prestando atenção.

Estava afirmando que era o Rei de Israel – e da humanidade.

---

15 Ver Mt 16.16-17; 26.63-64.

Capítulo 3

Rei de Israel, Rei dos Reis

Foi William Shakespeare que, em 1597, exibiu Henrique IV se queixando dos deveres de um rei. "Quantos milhares de meus mais pobres súditos estão dormindo nesta hora!", lamentou o rei.[1] Ele prossegue e se pergunta por que o sono prefere viver nas choupanas dos pobres a viver nos palácios de um rei, e como o sono podia dar o dom de descanso a um jovem marinheiro encharcado, que era arremessado de um lado para o outro pelas ondas do mar, enquanto o negava a um rei em todo seu conforto tranquilo. "A inquietude está na cabeça daquele que veste uma coroa!", clamou Henrique.[2]

---

1 William Shakespeare, *The History of Henry IV*, Parte 2, ato 3, cena 1.
2 Ibid.

Essa passagem de Shakespeare é tão cativante porque expressa uma profunda ironia. Supõe-se que os reis têm tudo. São ricos e poderosos; têm exércitos para protegê-los, palácios excelentes para abrigá-los e servos para atender a todos os seus caprichos. Quem não gostaria disso? Mas, se você conhece um pouco de história, sabe que Henrique IV está certo. Longe de promover uma vida de luxúria e tranquilidade, o reinado traz consigo boa medida de inquietude, medo e até paranoia. Quando alguém tem a coroa, o ardil é que ele tem de mantê--la, e vários monarcas já compreenderam, muito tarde, quão difícil e perigoso isso pode ser!

No entanto, acho que poderíamos dizer que existe outro tipo de pessoa, cuja cabeça permanece muito mais intranquila do que a de um rei – é a de um homem que *afirma* ser um rei, quando ninguém o reconhece. A história tem se mostrado dura para com pessoas que reivindicaram a coroa que elas ainda não tinham. Sim, há uma pequena chance de vencerem e acabarem no trono, mas a possibilidade de fracasso é enorme. Se você é um rei que fracassa em sua reivindicação da coroa, não diz apenas "desculpe" e continua sua vida normal. É mais provável que você acabe perdendo a cabeça na qual tencionava por a coroa!

Uma das coisas que torna a vida de Jesus tão cativante é o fato de que ele se chocou – fortemente – com as autoridades governantes de seus dias. Jesus era um carpinteiro pobre de uma cidade rural desconhecida, no Norte de Israel, que se viu em conflito não somente com os governantes de seu próprio povo, mas também com as autoridades romanas que dominavam a região. Isso apenas já nos diz que não estamos tratando de um mero professor de religião, alguém que tinha alguns provérbios excelentes sobre a vida e como vivê-la. Também não estamos tratando de um filósofo de moralidade ou de um sábio ético. Não, estamos lidando com alguém que, pendurado em humilhação e morrendo numa cruz romana, teve a acusação dos romanos fixada acima de sua cabeça – em zombaria grosseira tanto dele como de toda a nação oprimida – "Este é Jesus, o Rei dos Judeus".[3]

A história de Jesus não é a história de um homem bom. É a história de um reivindicador do Trono.

O trono de Israel, não mais vazio

De acordo com a Bíblia, Jesus começou seu ministério público no dia em que foi batizado no rio Jordão, por um homem conhecido como João Batista.

Ora, durante meses João estivera pregando que as pessoas precisavam se arrepender de seus pecados (que significa apenas abandoná-los) porque, ele declarou, o reino de Deus

---

3 Mt 27.37.

– ou seja, o reino de Deus na terra – estava "próximo".[4] Em outras palavras, o Rei escolhido de Deus estava prestes a ser revelado, e as pessoas precisavam preparar-se urgentemente para a sua vinda. Como um sinal de arrependimento, João pedia às pessoas que fossem mergulhadas nas águas do rio, simbolizando a sua purificação do pecado e da injustiça. O fato de que Jesus foi batizado dessa maneira está carregado de significado, e depois pensaremos sobre isso. Agora, basta observar que, quando João Batista viu Jesus caminhando em direção a ele, reconheceu imediatamente que Jesus era a pessoa a respeito de quem ele vinha pregando. "Vejam", João disse, "este é aquele a favor de quem eu disse: após mim vem um varão que tem a primazia, porque já existia antes de mim".[5]

Este é o ponto: João sabia que o reino de Deus estava prestes a ser estabelecido na terra. Isso era toda a sua mensagem. E nessa ocasião ele estava apresentando Jesus como o Rei desse reino. Ainda mais significativo é o fato de que isso era muito mais do que uma crença pessoal de João. De acordo com o próprio Jesus, João era o último dos profetas do Antigo Testamento, o fim da linha que cruzou muitos séculos de homens, cujo grande propósito havia sido direcionar os olhos da nação para o único e verdadeiro Rei, a quem Deus enviaria

---

4 Mt 3.2.
5 Jo 1.29-30.

para resgatá-los de seu pecado. João estava declarando que o momento havia chegado. O Rei estava ali.

Talvez você já ouviu sobre o que aconteceu em seguida. A Bíblia diz que, "batizado Jesus, saiu logo da água, e eis que se lhe abriram os céus, e viu o Espírito de Deus descendo como pomba, vindo sobre ele. E eis uma voz dos céus, que dizia: Este é o meu Filho amado, em quem me comprazo".[6] A importância deste acontecimento não está *apenas* na pomba, nem mesmo na voz que todos entenderam corretamente ser a voz de Deus. A importância está mais no que a voz disse. Como é habitual na Bíblia, quase toda palavra da Escritura está repleta de significado; às vezes, até com múltiplas camadas de significado. Mas um detalhe específico se destaca. Com as palavras "Este é o meu Filho amado", Deus estava investindo Jesus da antiga coroa da nação de Israel. Jesus estava entrando formalmente no ofício de Rei dos Judeus.

Como sabemos disso? Bem, a expressão "Filho de Deus" era um título bem conhecido, que equivalia a "Rei de Israel", e tinha este conceito desde os dias do Antigo Testamento. A expressão tem suas raízes no êxodo de Israel da servidão no Egito. Quando Deus ouviu as orações dos israelitas em favor de livrá-los dos egípcios, ele confrontou o faraó do Egito com uma ordem. "Israel é meu filho, meu primogênito", ele disse,

---

6 Mt 3.16-17.

"deixa ir meu filho, para que me sirva".[7] Isso foi uma declaração de amor intenso e discriminatório. Separou os israelitas como *diferentes* de todas as outras nações. Deus estava informando a Faraó que ele lutaria em favor dos israelitas porque os amava, eles eram seu filho.

Posteriormente, a designação "filho de Deus" foi dada também ao rei de Israel. Deus falou sobre o grande rei Davi e seus herdeiros: "Eu lhe serei por pai, e ele me será por filho".[8] O simbolismo é importante: o rei de Israel é chamado "filho de Deus" – assim como a nação – porque *representa*, em si mesmo, toda a nação. Ele é o representante da nação, seu substituto diante de Deus; portanto, o que acontece com ele, como indivíduo, pode-se dizer que acontece com a nação como um todo. Nesse sentido simbólico, o rei é Israel.

Quando alguém entende isso, pode compreender o maravilhoso significado do que Deus disse a Jesus, em seu batismo. Sim, Deus estava descrevendo o relacionamento que existia entre Pai e Filho (falaremos sobre isso depois), mas, ao mesmo tempo, declarando que Jesus estava, naquela ocasião, entrando em sua obra de representar Israel, como o seu Rei. Desse ponto em diante, ele estaria diante de Deus como o Substituto, o Representante de seu povo, o Defensor deles.

---

7 Êx 4.22-23.
8 2 Sm 7.14.

Jesus sempre soube que o ofício de Rei era legitimamente seu. Sim, Jesus disse frequentemente às pessoas que mantivessem essa verdade em segredo; certa vez, ele até recusou deixar que o povo o coroasse Rei. Mas, isso não aconteceu porque Jesus rejeitou o ofício, e sim porque sabia que seria um tipo muito diferente de Rei, diferente do que as pessoas esperavam e queriam. Ele tomaria a coroa conforme seus próprios termos, não conforme os termos errados e revolucionários do povo.

De fato, Jesus aceitou aclamação real *quando pessoas entendiam realmente o que estavam aclamando*. Mateus 16 nos fala de uma noite em que Jesus, após uma confrontação com autoridades de Israel, perguntou a seus seguidores mais íntimos quem a multidão pensava que ele era. Houve várias respostas. "Uns dizem: João Batista", relataram seus seguidores, "outros: Elias; e outros: Jeremias ou algum dos profetas". Aparentemente, Jesus ficou um tanto admirado de que as pessoas imaginassem que ele *tinha* de ser alguém que retornara de entre os mortos! Independentemente do que as pessoas pensavam, Jesus estava mais interessado nos pensamentos de seus próprios discípulos. "Mas vós, continuou ele, quem dizeis que eu sou?", Jesus perguntou. A pergunta os colocou em dificuldade, mas houve um homem chamado Simão que falou antes dos outros: "Tu és o Cristo, o Filho do Deus vivo".

Acho que Simão queria dizer realmente mais do que isto, mas, no mínimo, estava aclamando a Jesus como o Rei de Israel: Tu és o Ungido (esse é o significado da palavra Cristo, no grego), o Filho de Deus, o Rei! E qual foi a resposta de Jesus? Aceitou a aclamação e celebrou! "Bem-aventurado és, Simão Barjonas", ele disse, "porque não foi carne e sangue que to revelaram, mas meu Pai, que está nos céus". Simão, a quem Jesus renomeara como Pedro – compreendeu o que Jesus já sabia a respeito de si mesmo. Ele era o Rei legítimo de Israel.[9]

Em Lucas 19, há outra história a respeito de quando Jesus – apenas uma semana antes de sua execução – fez um afirmação dramática e bastante pública, quanto ao seu reinado. Jesus e seus discípulos seguiam em direção a Jerusalém, para a festa anual da Páscoa. É provável que centenas de milhares de pessoas estivessem indo para Jerusalém naquela semana, porque a Páscoa era a festa mais importante do calendário judaico. Quando estavam perto da cidade, Jesus enviou adiante alguns de seus discípulos para uma pequena vila chamada Betfagé e lhes disse que pegassem um jumento, que estaria esperando por eles. A Bíblia diz que Jesus sentou no jumento e começou a curta viagem de Betfagé até Jerusalém, e uma grande multidão o seguia. Eis o que aconteceu em seguida:

---

9 Mt 16.13-20.

> E, quando se aproximava da descida do monte das Oliveiras, toda a multidão dos discípulos passou, jubilosa, a louvar a Deus em alta voz, por todos os milagres que tinham visto, dizendo: Bendito é o Rei que vem em nome do Senhor! Paz no céu e glória nas maiores alturas![10]

> E a maior parte da multidão estendeu as suas vestes pelo caminho, e outros cortavam ramos de árvores, espalhando-os pela estrada. E as multidões, tanto as que o precediam, como as que o seguiam, clamavam: Hosana ao Filho de Davi! Bendito o que vem em nome do Senhor! Hosana nas maiores alturas![11]

Tudo isto estava repleto de significado. As pessoas estavam não somente acenando com ramos e estendendo suas vestes pelo caminho, em frente a Jesus – uma atitude típica e simbólica de submissão à realeza – mas também chamando-o Rei e declarando-o Herdeiro de Davi! Além disso, estavam fazendo a citação de uma canção antiga, que o povo usava para saudar seu rei, quando ele vinha ao templo para oferecer sacrifícios.[12]

---

10 Lc 19.37-38.
11 Mt 21.8-9.
12 Sl 118.26.

Toda a cena visava constituir um espetáculo, e Jesus queria que atraísse a atenção. Ouvindo as aclamações das pessoas e reconhecendo o que elas estavam dizendo, alguns dos fariseus se escandalizaram e reclamaram a Jesus. "Mestre", disseram eles, "repreende os teus discípulos". Queriam que Jesus concordasse com eles em que os clamores de aclamação da parte do povo eram inapropriados; queriam que Jesus negasse ser o rei. Mas Jesus não faria isso. Ele respondeu: "Asseguro-vos que, se eles se calarem, as próprias pedras clamarão".[13] Não haveria mais demora. O tempo chegara, e o Rei estava chegando à sua capital.

O trono de Israel, desocupado por mais de seis séculos, não estava mais vazio.

Um Rei real, num trono real, com uma história real

É difícil para nós, hoje, assimilarmos todo o significado do que estava acontecendo, quando Jesus se dirigiu para Jerusalém naquele dia. Acho que tendemos a presumir que as pessoas que se aglomeraram em volta de Jesus estavam apenas fazendo um papel em algum tipo de drama religioso, que seria esquecido quando eles finalmente voltassem ao

---

13 Lc 19.39-40.

sentido, e retornassem para seus lares. Mas aquelas pessoas não estavam aclamando um pretenso rei religioso. Estavam proclamando um rei *real*, que se assentaria num trono *real*, com uma história *real*.

A nação de Israel não tivera sempre um rei. No começo de sua história, quando a nação era realmente não mais do que uma família, ela foi guiada por uma série de patriarcas e, depois, por uma extensa linha de profetas e juízes, que Deus levantou para reger e proteger a nação. Por fim, os israelitas pediram ao líder-profeta Samuel que ungisse um rei para eles. Samuel manifestou objeção e os advertiu dos males que um rei traria, mas o povo insistiu, e um rei foi coroado. A monarquia israelita atingiu seu auge no reinado de Davi, um jovem pastor da vila de Belém, que foi (surpreendentemente) escolhido por Deus para governar a nação. Abençoado e guiado por Deus mesmo, Davi desfrutou de uma ascensão meteórica até que assumiu o trono, em 1000 AC. Uniu as doze tribos de Israel sob uma única coroa, subjugou as nações inimigas, conquistou Jerusalém e tornou-a a capital do reino. Acima de tudo, Deus prometeu que estabeleceria a dinastia de Davi para sempre.

Davi era lembrado como o maior dos reis de Israel, de tal modo que o próprio ofício chegou a ser chamado "o reino de Davi" e seu trono, "o trono de Davi". Davi foi um guerreiro celebrado, um músico talentoso, um sábio e até poeta. Escreveu mais da metade das canções contidas no livro de Salmos de Israel, sendo também lembrado como um modelo de fé e justiça. Davi não era perfeito – longe disso! – mas tinha um profundo amor por Deus, um profundo senso de sua própria culpa e necessidade, e uma fé segura no fato de que Deus lhe mostraria misericórdia e o perdoaria de seus pecados. A Bíblia até relata que Deus declarou que Davi era "homem segundo o meu coração".[14]

Quando Davi morreu, por volta de 970 AC, foi sucedido no trono por seu filho Salomão. O reino de Salomão foi, de muitas maneiras, ainda mais glorioso do que o de seu pai, pelo menos no começo. Israel aumentou grandemente em riqueza e influência e parecia estar gozando de uma era dourada. Salomão morreu depois de um reinado de 40 anos; e, depois disso, a monarquia israelita desceu ao caos. Uma guerra civil dividiu a nação em dois reinos diferentes – Israel, no Norte; Judá, no Sul – e os séculos seguintes viram uma queda impressionante dos reis de ambas as nações, em idolatria e impiedade. Um rei do Sul, Acaz, é relatado como alguém que sacrificou o próprio filho a um deus pagão, ao queimá-lo vivo.

Em meio a tudo isto, Deus enviou profetas para advertir tanto a Israel quanto a Judá, a abandonarem seus pecados e se voltarem para ele. Se fizessem isso, Deus falou, ele os

---

14 At 13.22.

perdoaria e os restauraria como nação. Se não, julgamento e morte lhes sobreviria. Nenhuma das nações se arrependeu. Por isso, cerca de 700 AC, Israel, o reino do Norte, foi invadido pelo poderoso império assírio, e seu povo foi levado para o exílio. Judá, o reino do sul, sobreviveu por mais de 100 anos, até que Nabucodonosor, rei da Babilônia, o invadiu, em 586 AC, destruiu Jerusalém e seu templo e deportou todo o seu povo para a Babilônia. Quanto ao rei da família de Davi, ele foi capturado e cegado pelos invasores babilônios. Um gancho foi colocado em seu nariz, e ele foi levado para a Babilônia, onde pelo resto da vida foi convidado a tomar refeições à mesa de Nabucodonosor. Isso era uma humilhação e não uma honra. O rei da linhagem de Davi era, nesse tempo, nada mais do que um homem arruinado e cego que dependia do imperador da Babilônia.

Quando os anos se passaram, mesmo depois de os persas derrotarem os babilônios, e de os gregos vencerem os persas, e de os romanos subjugarem os gregos, Israel nunca conseguiu restabelecer sua independência e seu trono. Permaneceu um vassalo oprimido e dependente de outras nações. Durante 600 anos, o trono de Davi permaneceu vazio, sem um homem para sentar-se nele.

No entanto, não permaneceu vazio de esperanças. Foi por isso que, durante toda a catástrofe da divisão, declínio e queda de Israel, os profetas continuaram a prever um tempo quando a dinastia de Davi seria restaurada. De fato, eles disseram aos israelitas que um dia Deus mandaria um Rei que governaria, a partir do trono de Davi, com perfeita justiça e retidão. Ele seria ungido com o próprio Espírito Santo, converteria o coração da nação para adorar somente a Deus, e reinaria para sempre com sabedoria, compaixão e amor. Não somente isso, mas Deus prometeu também que o trono de Davi não seria um trono meramente nacional. Ele *universalizaria* a sua autoridade, e todos os povos da terra afluiriam a Jerusalém para pagar tributo ao Rei de Israel, o Rei dos reis.[15]

Todas essas profecias devem ter parecido ridículas, quando os israelitas viam seus reis, um a um, caírem em impiedade e sob o juízo de Deus. Deve ter parecido um insulto cruel, quando o último rei da linhagem de Davi implorou por misericórdia antes de os babilônios vazarem seus olhos. Se as pessoas tivessem ouvido atentamente às profecias, também teriam visto que este Rei prometido, do qual os profetas falaram, não parecia com outro homem qualquer que se assentava no trono por um tempo e depois morria. De fato, se tivessem prestado atenção, teriam ouvido o seu Deus prometer não apenas que enviaria um rei para Israel, mas que ele mesmo *viria* e *seria* o

---

15 Ver, por exemplo, Is 9, 11; Mq 5.

seu Rei. Veja o que o profeta Isaías disse a respeito do nascimento deste grande Rei:

> Porque um menino nos nasceu, um filho se nos deu;
> o governo está sobre os seus ombros.

Nada muito admirável aqui, certo? Parece como qualquer rei. Mas prossiga na leitura:

> E o seu nome será: Maravilhoso Conselheiro, Deus Forte, Pai da Eternidade, Príncipe da Paz; para que se aumente o seu governo, e venha paz sem fim sobre o trono de Davi e sobre o seu reino, para o estabelecer e o firmar mediante o juízo e a justiça, desde agora e para sempre.[16]

Oh! Isto não descreve nenhum rei comum. Nenhum rei comum reina "desde agora e para sempre". Nenhum rei comum tem um governo que aumenta *sem fim*. Nenhum rei comum poderia ser chamado, ainda que fosse muito sério, de *Maravilhoso Conselheiro, Deus Forte, Pai da Eternidade, Príncipe da Paz*. E, acima de tudo, ninguém – rei ou não – pode tomar justificavelmente para si mesmo o nome *Deus Forte*. Ninguém, isto é, exceto... Deus.

---

16 Is 9.6-7.

Olhos arregalados e mente cheia de temor

Sempre imagino Simão Pedro dizendo aquelas palavras – "Tu és o Cristo, o Filho do Deus vivo" – em sussurro, com olhos arregalados e mente cheia de temor. Você percebe? Acho que tudo estava se harmonizando para ele. Sim, os reis do passado haviam sido intitulados "filhos de Deus", e todos pensavam que era um título justo. Mas não era. Era a maneira de Deus apontar para o futuro, para a sua própria intenção de sentar-se *ele mesmo* no trono de Davi. Como disseram os profetas, o grande Rei seria "filho de Deus", não apenas simbolicamente, não apenas em título, mas em *realidade*. Deus mesmo seria o Rei.

Era isso o que Pedro estava compreendendo. Aquele homem que estava sentado diante dele era o Rei, o Cristo, o Ungido de Israel, e, consequentemente, era, por título, o "filho de Deus". Mas era também o *Filho* de Deus. Não apenas o Rei de Israel, mas também o Rei dos reis.

Aquele homem, Pedro compreendeu, era Deus.

Capítulo 4

O Grande
"Eu Sou"...

O pensamento de que Jesus era Deus não ocorreu inesperadamente a Pedro. Lembre: ele estivera com Jesus durante meses, vendo-o realizar milagres, curar pessoas que, de outro modo, não poderiam ser curadas e até ressuscitar mortos. Esses acontecimentos teriam sido suficientes para deixar qualquer pessoa se questionando.

No entanto, houve outras ocasiões que deixaram a mente perplexa – ocasiões em que até o próprio mundo natural pareceu se prostrar e se render a Jesus.

Uma dessas ocasiões se deu perto do início do ministério público de Jesus. A notícia a respeito deste homem que podia curar os enfermos e expelir demônios se propagara, e multidões começaram a se aglomerar em volta dele. Jesus lidou paciente e gentilmente com eles, gastando horas em expelir demônios e curar pessoas de suas enfermidades. Mas, neste dia, Jesus estava cansado. Havia curado e ministrado por horas na praia do mar da Galileia; e, vendo outra multidão enorme à sua procura, ele e seus discípulos entraram num barco e navegaram para o outro lado.

O mar da Galileia era muito familiar para Jesus e seus discípulos. Boa parte do ministério de ensino e curas de Jesus aconteceu no círculo de vilas pesqueiras que rodeavam o mar, e alguns de seus discípulos – incluindo Pedro – tinham desenvolvido uma carreira de pescador ali, antes de Jesus chamá-los para segui-lo. O mar da Galileia não é realmente muito grande. De fato, nem é um mar, e sim um lago de água doce. Tem apenas 53 km de circunferência, mas uma de suas características mais notáveis é que ele está a mais de 200m abaixo do nível do mar e cercado por uma série de ravinas profundas, que canalizam vento para o mar em velocidades muito rápidas. Por isso, além de ser conhecido por ter muito peixe, o mar da Galileia era também famoso por tempestades violentas, que se levantavam regularmente e sem aviso.

Foi exatamente isso o que aconteceu neste dia específico, poucas horas depois de Jesus e seus seguidores começarem a navegar. Quando seguiam em direção ao meio do lago, estando muito longe para retornarem, uma dessas famosas tempestades irrompeu. Aparentemente, era apenas uma tempestade costumeira. Mateus, um dos discípulos que estava no barco e tinha visto essas tempestades durante toda a sua vida, escreveu que era "uma *grande* tempestade", tão violenta que ele usou a palavra *seismos* para descrevê-la.[1] Não era apenas uma tempestade, Mateus deseja que saibamos; era um terremoto na água! Assim, com os ventos descendo rapidamente pelas ravinas e atingindo o mar, os discípulos se viram naquele barco, sendo lançados de um lado para outro e inundados por ondas enormes, no meio de um mar violento.

É claro que os homens ficaram apavorados. Foi uma reação natural; o barco poderia ter sido esmagado e virado facilmente; e nunca mais alguém teria ouvido falar deles. Por isso, ficaram amedrontados. Por outro lado, Jesus não ficou. Estava dormindo na parte de trás do barco. Não surpreendentemente, os discípulos apressaram-se e foram até Jesus, acordaram-no e disseram: "Senhor, salva-nos! Perecemos!" Bem, essas são as palavras que Mateus registrou. Marcos registrou: "Mestre, não te importa que pereçamos?" E Lucas diz que as palavras foram: "Mestre, Mestre, estamos perecendo!"[2] A realidade é que *muitas* coisas estavam sendo ditas naquele momento, mas uma coisa parece bastante clara: os discípulos sabiam que estavam

---

1 Mt 8.24.
2 Mt 8.25; Mc 4.38; Lc 8.24.

em dificuldade. E queriam que Jesus fizesse alguma coisa a respeito daquela dificuldade.

Agora, paremos a história por um momento, porque é interessante que eles foram até Jesus com o problema, não é? Quero dizer, o que exatamente esses homens queriam que Jesus fizesse? Duvido que houve um plano. Os discípulos estavam claramente tão impressionados com Jesus, que presumiram que ele poderia fazer *alguma coisa*. Mas, por outro lado, também é claro que ninguém disse: "Sabem de uma coisa? Deveríamos nos acalmar. Deus está dormindo na traseira do barco". Então, talvez eles apenas esperassem que Jesus os protegesse enquanto a tempestade rugia, ou fizesse o barco navegar mais rápido, ou os transportasse num momento para o outro lado. Quem sabe? Mas é inegavelmente claro que, embora esperassem que Jesus fizesse alguma coisa, jamais esperavam que ele fizesse o que realmente fez.

De volta à história. Os discípulos foram, em pânico, rapidamente até à parte de trás do barco, acordaram Jesus, e ele fez algo totalmente impressionante. Sentou-se, talvez esfregou os olhos e *lhes falou*: "Por que vocês estão com medo, homens de pequena fé?" Posso imaginar se um ou mais dos discípulos – talvez Pedro – não foi tentado a dizer: "Por que estamos com medo? Você *deve* estar brincando comigo!" Mas ninguém falou, e a Bíblia diz que Jesus, com admirável calma, se levantou e "repreendeu" os ventos e disse ao mar: "Acalma-te, emudece!"[3]

Que palavra fascinante! Jesus "repreendeu" os ventos e o mar, como um pai corrige um filho. Você já tentou repreender o vento ou acalmar uma tempestade? Talvez poderia ir até à praia e tentar argumentar com um furacão, quanto ao bem que ele faria se parasse de agir, mas a Bíblia diz que, quando Jesus ordenou que a tempestade se aquietasse, ela fez isso. "O vento se aquietou", escreveu Marcos, "e fez-se grande bonança". Todos os discípulos já tinham visto tempestades começarem e acabarem, até rapidamente. Mas nunca tinham visto algo semelhante a isso; mesmo quando o vento cessava repentinamente, a água ainda permanecia agitada por algum tempo, antes de aquietar-se. Mas, nessa ocasião, o vento e as ondas simplesmente *cessaram* e deram lugar a uma calma sobrenatural. Os discípulos ficaram ali maravilhados, encharcados e olhando em perplexidade – cada um para Jesus e de volta um para o outro. A Bíblia não diz quem finalmente fez a pergunta, mas imagino que os outros concordaram ou, pelo menos, balançaram a cabeça em admiração silenciosa e compartilhada: "Quem é este que até o vento e o mar lhe obedecem?"[4]

---

3 Mc 4.39.
4 Mc 4.41.

Alguém muito além de um mero rei

Pergunto-me se Pedro pensou neste episódio, quando respondeu à pergunta de Jesus, dizendo: "Tu és o Cristo, o Filho do Deus vivo".[5] Algumas pessoas pensam que Pedro não estava dizendo algo mais profundo do que seu reconhecimento de que Jesus era o legítimo rei de Israel. Era uma afirmação política, eles dizem, e nada mais do que isso. Não penso que isto esteja correto. Eis a razão: a última vez em que os discípulos haviam chamado Jesus "o Filho de Deus" fora, precisamente, porque ele tinha acabado de fazer algo que o colocava muito acima do simples caráter de rei. Não somente isso, mas também foi algo que teria sido especialmente memorável para Pedro.

As circunstâncias foram realmente muito semelhantes à ocasião em que Jesus acalmou a tempestade. Os discípulos estavam num barco, indo para o outro lado do lago, e, como da última vez, os ventos começaram a soprar e as ondas começaram a bater contra o barco. Toda a situação teria sido familiar, se não houvesse uma grande diferença: Jesus não estava ali.

Naquele dia específico, Jesus havia alimentado mais de cinco mil pessoas a partir de dois peixes e cinco pães e, depois, mandado os discípulos à frente dele, para o outro lado do mar da Galileia. Talvez eles imaginaram que Jesus

---
5 Mt 16.16.

iria contratar outro barco ou tomar um caminho por terra. Mas, seja como for, eles pegaram o barco e navegaram para o outro lado, ao passo que Jesus ficou para trás, terminando de ministrar à multidão, e, depois, se retirou para o topo de uma montanha próxima, para orar.

Nesse ínterim, no barco, os discípulos estavam tendo uma noite difícil. O barco estava em problemas, os ventos e as ondas se elevavam novamente, e eles estavam com medo. A Bíblia diz que era a quarta vigília da noite – algo entre 3 e 6h da manhã – quando os discípulos olharam para fora e viram alguém *andando por sobre a água, em direção a eles!* Naturalmente, seu medo se tornou em terror, e eles clamaram: "É um fantasma!"

O que aconteceu em seguida é um dos acontecimentos mais famosos na vida de Jesus – e talvez, também, um dos mais carregados de importância. Ouvindo os gritos dos discípulos, Jesus lhes disse: "Tende bom ânimo! Sou eu. Não temais!" Agora, pare e considere novamente esta afirmação, porque, nessas poucas palavras, Pedro ouviu algo que aparentemente conquistou sua confiança. Inclinando-se para frente, ele exclamou: "Se és tu, Senhor, manda-me ir ter contigo, por sobre as águas". Que coisa impressionante para alguém dizer! Você tem de se perguntar se os outros discípulos não olharam para Pedro como se ele tivesse perdido o juízo! Mas não tinha. No que Jesus acabara de dizer havia algo que Pedro compreendera, e agora ele estava prestes a testar isso. Jesus também devia saber o que Pedro estava pensando, porque fez o convite: "Vem". Então, com um pé de cada vez, Pedro saiu do barco, ficou de pé sobre a água e deu um passo. A Bíblia não diz quão longe ele foi; mas, antes de chegar até Jesus, Pedro notou o vento soprando nele e sentiu a água se chocando com suas pernas. Tirando os olhos de Jesus, Pedro ficou com medo e começou a afundar. Então, ele clamou a Jesus que o salvasse, e "imediatamente", diz a Bíblia, Jesus estendeu a mão, o pegou e o trouxe de volta para o barco. Nessa ocasião, Jesus nem mesmo teve de dar uma ordem em voz alta – quando ele e Pedro retornaram ao barco, a tempestade simplesmente cessou.

Foi nesse momento, nos diz Mateus, que "os que estavam no barco o adoraram, dizendo: Verdadeiramente és Filho de Deus!"[6]

Ora, o que eles queriam dizer ao chamarem Jesus de "Filho de Deus"? Queriam dizer que era o legítimo rei de Israel? Estavam apenas atribuindo a Jesus um título que dezenas de reis, antes dele, haviam usado para si mesmos? De modo algum! Os discípulos haviam acabado de ver aquele homem andando por sobre as águas, chamar um deles para

---

6 Mt 14.26-33.

fazer o mesmo e acalmar uma tempestade sem dizer uma palavra. E, pense de novo, no que induziu Pedro a sair do barco? O que ele ouviu nas palavras de Jesus, "Tende bom ânimo! Sou eu", que o levou não somente a dizer "Que bom! Podemos parar de ficar em pânico; é Jesus!", mas também a sair realmente para a água? Por que, de repente, ele teve a confiança de que Jesus estava *completamente* no controle de toda a situação?

A resposta é que a frase "Sou eu" não transmite... exatamente... o que Jesus disse. O que Jesus disse, literalmente, foi "Tende bom ânimo! Eu *sou*!" Isso foi o que Pedro ouviu que lhe deu profunda confiança em Jesus. Ouviu seu Senhor dizendo não apenas: "Ei, sou eu, Jesus!", mas, além disso, tomando para si mesmo o antigo e famoso nome do Todo-Poderoso Deus de Israel.

Isso remete, outra vez, ao tempo da libertação de Israel do Egito. Uma das partes mais engraçadas da história é a argumentação que Moisés iniciou com Deus, sobre por que ele mesmo era despreparado para fazer o trabalho para o qual Deus o chamava. Moisés tentou várias desculpas – não sou muito importante, eles não crerão em mim, não sou um orador público muito bom – e cada vez Deus lhe respondia e anulava a desculpa. Uma das perguntas que Moisés fez diz respeito ao que ele deveria dizer ao povo, quando lhe perguntassem qual era o nome de Deus. A resposta de Deus foi profundamente autorreveladora. Ele disse a Moisés: "Eu Sou o que Sou". E disse mais: "Assim dirás aos filhos de Israel: Eu Sou me enviou a vós outros".[7] Assim, Deus se revelou a si mesmo, como o transcendente e ilimitado Deus do universo, a Fonte de tudo que existe, o Autor do ser, o Criador e Governador do cosmos, Aquele que sempre tem sido, é agora e sempre será – o grande "Eu Sou".

Isso foi o que Pedro ouviu que ganhou sua confiança. Jesus estava tomando para si mesmo o nome de Deus, fazendo isso *enquanto caminhava por sobre o mar*. O mar era a mais poderosa e mais temível força da criação, o antigo símbolo de caos e mal, o lar mítico de deuses rivais. E nessa ocasião Jesus estava subjugando-o, dominando-o, governando-o, colocando literalmente sob seus pés. "Mais poderoso do que o ribombar de muitas águas", dizia uma antiga canção, "o Senhor nas alturas é mais poderoso do que o bramido das grandes águas, do que os poderosos vagalhões do mar".[8]

Você percebe? Quando os discípulos chamaram Jesus de "Filho de Deus", estavam declarando que ele era algo muito além de um mero rei. Estavam dizendo que ele era Deus. Era o Criador. Era o grande "Eu Sou".

---

7 Êx 3.14.
8 Sl 93.4.

O homem afirmava ser Deus

Às vezes, pessoas dizem que a ideia de Jesus ser Deus era apenas uma imaginação da mente dos discípulos, que Jesus nunca reivindicou esse status para si mesmo e que, depois de sua morte, os discípulos inventaram a história – ou, no máximo, interpretaram mal suas recordações de tudo o que acontecera. Mas você não precisa nem mesmo ler a Bíblia com dedicação, para ver que Jesus afirmou repetidas vezes que era Deus e, algumas vezes, não tentou ser sutil.

Por exemplo, houve a ocasião em que ele disse: "Eu e o Pai somos um". Houve também o momento em que Filipe – ficando um pouco impaciente e não entendendo nada – disse-lhe: "Senhor, mostra-nos o Pai", e Jesus respondeu: "Filipe, há tanto tempo estou convosco, e não me tens conhecido? Quem me vê a mim vê o Pai; como dizes tu: Mostra-nos o Pai?" Houve também a resposta de Jesus às autoridades dos judeus, no final de seu julgamento, quando ele lhes disse: "Desde agora, vereis o Filho do Homem assentado à direita do Todo-Poderoso e vindo sobre as nuvens do céu". O sumo sacerdote soube imediatamente o que Jesus estava dizendo; foi por isso que ele rasgou as vestes e acusou Jesus de nada menos do que blasfêmia. O homem estava afirmando ser Deus.[9]

---
9 Jo 10.30; 14.8-9; Mt 26.64.

Houve também a ocasião em que Jesus fez uma afirmação tão ousada, que as autoridades pegaram realmente pedras para matá-lo. A Bíblia diz que a situação foi tão perigosa que Jesus teve de se esconder para se livrar deles. Tudo começou quando os fariseus apareceram e começaram xingá-lo de várias formas. "Não temos razão em dizer que és samaritano e tens demônio?", eles disseram. Era um insulto e tanto, como acusar alguém de não somente ter demônio, mas também de ser de Brasília, DF (estou brincando). Apesar disso, Jesus respondeu: "Eu não tenho demônio; pelo contrário, honro a meu Pai, e vós me desonrais... Em verdade, em verdade vos digo: se alguém guardar a minha palavra, não verá a morte". Escandalizados, as autoridades acusaram Jesus de grande arrogância: "Agora, estamos certos de que tens demônio. Abraão morreu, e também os profetas, e tu dizes: Se alguém guardar a minha palavra, não provará a morte, eternamente. És maior do que Abraão, o nosso pai, que morreu? Também os profetas morreram. Quem, pois, te fazes ser?"[10]

Jesus respondeu: "Abraão, vosso pai, alegrou-se por ver o meu dia, viu-o e regozijou-se". Em outras palavras, Abraão sabia que Deus prometera enviar um Salvador e ansiou por isso com alegria. Nessa altura, as autoridades estavam irritadas e confusas. Jesus afirmou que Abraão sabia a seu respeito

---

10 Jo 8. 48-53.

e que ele mesmo sabia algo da vida emocional de Abraão – isso era demais para eles: "Ainda não tens cinquenta anos e viste Abraão?"

A resposta de Jesus a essa pergunta os abalou. Jesus disse: "Em verdade, em verdade eu vos digo: antes que Abraão existisse, Eu Sou".[11]

Aqui está o nome outra vez. E seu uso por Jesus foi deliberado e confrontador. Como sabemos isso? Por que, do contrário, o que ele disse é simplesmente mau uso de gramática. Se Jesus quisesse apenas dizer que ele existia antes de Abraão, teria dito: "Antes de Abraão existir, *Eu era*". Mas ele estava usando o tempo presente – "Eu Sou" – estava tomando claramente para si mesmo, outra vez, o nome exclusivo e singular de Deus. Foi por essa razão que eles pegaram pedras, a fim de matá-lo. Se Jesus não fosse realmente Deus – e as autoridades achavam que Jesus não era Deus – então, ele cometera o pior tipo de blasfêmia.

Face a face com a Trindade

No entanto, é claro que não era blasfêmia. Era verdade. Jesus tinha provado sua reivindicação de divindade repetidas vezes. Quando você entende isso, pode começar a ver novas

---

11 Jo 8.56-58.

camadas de significado na insistência de Jesus em ser o Filho de Deus. Essa designação não era apenas um título real; era também uma afirmação de que Jesus era igual a Deus em status, caráter e honra. João explica: "Por isso, pois, os judeus ainda mais procuravam matá-lo, porque... também dizia que Deus era seu próprio Pai, fazendo-se igual a Deus".[12]

No entanto, há mais fatos sobre esta expressão, porque com ela Jesus estava não somente usando um título real, nem apenas dizendo que era igual a Deus, mas também descrevendo um *relacionamento* único e exclusivo entre ele mesmo e Deus, o Pai. "Ninguém conhece o Filho, senão o Pai", ele disse certa vez, "e ninguém conhece o Pai, senão o Filho e aquele a quem o Filho o quiser revelar".[13] Noutra ocasião, Jesus explicou:

> Em verdade, em verdade vos digo que o Filho nada pode fazer de si mesmo, senão somente aquilo que vir fazer o Pai; porque tudo o que este fizer, o Filho também semelhantemente o faz. Porque o Pai ama ao Filho, e lhe mostra tudo o que faz... Pois assim como o Pai ressuscita e vivifica os mortos, assim também o Filho vivifica aqueles a quem quer. E o Pai a ninguém julga, mas ao Filho confiou todo julgamento, a fim de

---

12 Jo 5.18.
13 Mt 11.27.

que todos honrem o Filho do modo por que honram o Pai. Quem não honra o Filho não honra o Pai que o enviou.[14]

Você percebe? Jesus, o Filho de Deus, afirmava ser Deus e, também, estar num relacionamento único, exclusivo e totalmente harmonioso com Deus, o Pai.

Como pode ser isso?

Como Jesus pode ser Deus e, ao mesmo tempo, estar *em relacionamento com* Deus? Aqui estamos face a face com a doutrina cristã da Trindade – que é apenas uma aglutinação linguística da palavra *Tri-Unidade*. Talvez você já tenha ouvido a palavra *Trindade*. Talvez já tenha ouvido cristãos falarem sobre como Deus, o Pai, Deus, o Filho, e Deus, o Espírito Santo, são todos distintos um do outro – três pessoas diferentes – mas, apesar disso, são todos um único Deus. Não são três deuses! Não, a Bíblia é clara, desde a sua primeira página, quanto ao fato de que há apenas um Deus, mas que este Deus existe em três pessoas distintas.

O que espero que você perceba é que os cristãos não formaram a ideia da Trindade a partir de pura imaginação. Antes, eles a definiram, a descreveram, a ensinaram e a defenderam porque *a acharam na Bíblia*. Ouviram-na na maneira como Je-

---

14 Jo 5.19-23

sus falou a respeito de si mesmo, do seu relacionamento com o Pai e o Espírito Santo. Eis, em poucas palavras, um resumo do que eles ouviram, quando escutaram o que Jesus falava:

1. Ouviram Jesus afirmar que há somente *um* Deus.[15]
2. Ouviram Jesus dizer que ele mesmo é Deus, que seu Pai é Deus, e que o Espírito Santo é Deus.[16]
3. Finalmente, ouviram Jesus deixar claro que ele, seu Pai e o Espírito Santo *não* são a mesma pessoa, mas, em vez disso, distintos um do outro, em relacionamento único e exclusivo um com o outro.[17]

Ora, você pode considerar essas afirmações e dizer: "Eu não entendo como todas elas podem ser verdadeiras, ao mesmo tempo e da mesma maneira". Bem, sendo perfeitamente honesto, nem eu! E nem qualquer outro cristão. Mas o meu entendimento ou falta dele não é o fator principal neste assunto. Como cristão, creio em Jesus, e ele ensinou essas três coisas, e, por isso, creio nelas – todas elas, ao mesmo tempo, ainda que, em última análise, não se harmonizem de modo pleno em minha mente.

---

15 Por exemplo, Mc 12.29.
16 Por exemplo, Jo 5.18; 8.58; Lc 12.10.
17 Note o relacionamento, por exemplo, em João 14.16-17.

O fato é que não há nenhuma contradição lógica nessas três afirmações, e, além disso, estou bastante cônscio de que minha mente não é infinita. Há muitas coisas sobre este mundo que não entendo completamente; portanto, para mim não é difícil imaginar que há um número infinito de coisas que se harmonizam na mente de Deus, mas não se harmonizam na minha. O que sei por certo é que Jesus ensinou que há um só Deus, que ele, seu Pai e o Espírito Santo são todos Deus e que ele, seu Pai e o Espírito Santo não são a mesma pessoa, mas estão todos em relacionamento um com o outro. E eu, juntamente com cristãos de todos os séculos, chamo de Tri-Unidade ou *Trindade* essa realidade complexa.

A única maneira

Eis a conclusão: quando você começa a entender que Jesus é realmente Deus, e que ele tem um relacionamento singular e exclusivo com Deus, o Pai, também começa a entender que, se quer conhecer o Deus que o criou, precisa conhecer a Jesus. Não há nenhuma outra maneira.

Por esta razão, o fato de que Jesus é não somente o grande "Eu Sou" é uma notícia maravilhosa. Ele é também *um de nós*, completamente e para sempre.

Capítulo 5

... É Um de Nós

No início da história do cristianismo, certo grupo de pessoas negava que Jesus fosse realmente humano. A evidência em favor da divindade de Jesus era tão forte, diziam eles, que ele não poderia ser também humano. Talvez ele fosse apenas Deus com disfarce, talvez fosse algo entre Deus e homem, mas não havia nenhuma maneira de ele ser realmente *um de nós*. As pessoas que negavam a humanidade de Jesus se tornaram, por fim, conhecidas como *docetistas*. O nome vem da palavra grega *doke*, que significa "parece", e era uma palavra apropriada para a posição deles: Jesus não era realmente humano; ele apenas *parecia* ser.

Os outros cristãos declararam imediatamente que o *docetismo* estava errado. Eles leram a Bíblia e entenderam que

Jesus não apenas *parecia* humano, como se fosse uma ilusão ou um fantasma, como se Deus tivesse assumido a *aparência* de humanidade, mas não a sua realidade. Não, se a Bíblia era digna de ser acreditada, então Jesus *era* humano – de todas as maneiras. Estes cristãos não negavam a divindade de Cristo, de modo algum. Estavam convencidos de que Jesus era o Filho de Deus, o Criador do mundo, o grande "Eu Sou". Mas estavam igualmente convencidos de que o grande "Eu Sou" tinha se tornado, incrivelmente, um de nós.

Não apenas um visitante

As histórias da vida de Jesus estão cheias de evidência de que ele era humano, como nós. A Bíblia nos diz que Jesus teve fome e sede, ficou cansado e até dormiu (lembra do cochilo no barco?). Ele não era aquilo que os gregos e os romanos pensavam sobre "um deus", algum personagem do Olimpo que assumiria, às vezes, a forma humana, mas nunca tinha de *ser* realmente humano, com todos os desafios e até fraquezas acompanhantes. Não, Jesus era realmente humano e teve de viver com todas essas coisas, como eu e você o fazemos.

Isso significa que, se não comesse bastante, Jesus ficaria com fome. Se não dormisse bastante, ficaria cansado. Quando os soldados pressionaram os espinhos na pele da cabeça de

Jesus e pregaram os cravos em suas mãos, ambas as coisas o feriram. Quando seu amigo morreu, ele se entristeceu e chorou – mesmo quando tencionava, logo após ter ouvido a notícia, trazê-lo de volta à vida! Ele até ficou fraco. A Bíblia nos diz que, após os romanos haverem açoitado a Jesus, tiveram de recrutar um homem que estava assistindo, para levar a cruz até ao lugar da execução. E há a mais profunda de todas as evidências: Jesus morreu. Ele não apenas pareceu morrer, ou morreu pela metade, ou experimentou um *tipo* de morte, ou morreu em algum sentido. É verdade que a história não terminou com a morte de Jesus, mas não há dúvida: ele morreu.[1]

É crucial entendermos que Jesus era realmente humano, porque isso significa que ele era não apenas um visitante em nosso mundo. Isso teria sido algo muito legal, não teria? O totalmente Outro viera para uma visita. Mas não foi isso que aconteceu. O que realmente aconteceu tem magnitudes de admiração que vão além disso. Deus, o Criador, o totalmente Outro, o grande "Eu Sou", se tornara humano.

Os cristãos chamam essa realidade de *encarnação*, a palavra latina que expressa a ideia de que, em Jesus, Deus assumiu a carne humana. Todavia, precisamos ter cuidado porque essa palavra pode ser um pouco enganadora. Entendida de modo errado, ela pode transmitir a ideia de que a humanidade de

---

1 Mt 4.2; 8.24; 27.50; Jo 19.2; 11.35; 19.33.

Jesus era apenas uma questão de cobertura – que Deus vestiu uma capa humana, como você e eu colocamos um casaco; e essa foi a extensão da humanidade de Jesus. Mas isso nos colocaria muito perto do docetismo, a ideia de que Jesus apenas *parecia* humano. Não importando o que você pense, certamente podemos concordar que a essência da humanidade de Jesus não é uma cobertura; é muito mais profundo do que isso, e a Bíblia diz que Jesus era totalmente humano. Essa é a razão por que, no decorrer dos séculos, os cristãos resolveram descrever Jesus como "totalmente Deus e totalmente homem". Ele não é parte Deus e parte humano, nem mesmo algo intermediário entre Deus e humano.

Ele é Deus.

Ele é homem.

E a conclusão é que isso não é uma realidade temporária. Jesus é humano agora e nunca será qualquer *outra coisa* diferente de *humano* – para sempre. Poucos anos atrás, eu estava tomando café com um amigo, e essa verdade irrompeu em minha consciência durante um conversa animada sobre formas de vida alienígenas. Meu amigo e eu argumentamos por um tempo sobre a possibilidade de existência de vida inteligente no universo, se a Bíblia tinha alguma coisa a dizer sobre isso; se existissem, o que isso significaria; e, se fossem pecadores como nós, Deus poderia salvá-los e como ele faria isso.

Minha resposta imediata foi: "É claro que ele os salvaria! Jesus se encarnaria como um marciano, morreria também por seus pecados, e seria assim! Depois, ele poderia fazer uma decisão sobre os klingons". A resposta fez sentido naquele momento, mas você sabe por que eu estava errado? Meu amigo balançou a cabeça e disse: "Não, Greg. Jesus é humano. Sempre e eternamente. Ele jamais será alguma outra coisa, senão humano". Eu nunca tinha pensado nisso.

Em resumo, ele amou

Foi uma conversa bizarra, certamente, mas a compreensão que resultou dela foi admirável para mim: Jesus é humano... *e sempre será*. Agora mesmo, sentado no trono do universo, está um ser humano. Quando julgar todo o mundo, ele será humano. Por toda a eternidade, era após era, Deus é humano e sempre o será. Ele não apenas vestiu uma cobertura humana, como um casaco, para depois retirá-la quando voltou para casa, no céu. Ele se tornou homem – coração, alma, mente e força – um homem!

Imagine, apenas por um momento, quanto o Filho de Deus deve ter amado os seres humanos ao ponto de resolver que, sim, se tornaria um humano para sempre. Ele havia existido por toda a eternidade, a segunda pessoa da Trindade, em relacionamento perfeito, belo e harmonioso com Deus, o Pai, e Deus, o Espírito Santo. Apesar disso, ele decidiu se tornar homem, sabendo que, ao fazer isso, nunca mais seria não humano outra vez. Há somente uma coisa que levaria o Filho de Deus a fazer isso: ele nos amou profundamente, e você pode ver esse fato em cada detalhe da vida diária de Jesus.

Repetidas vezes, os escritores bíblicos nos dizem que Jesus foi movido por compaixão para com aqueles que o cercavam. A razão por que ele se demorava curando pessoas, Mateus nos diz, é que tinha compaixão dos enfermos. A razão por que ele ensinava o povo, nos diz Marcos, é que ele tinha compaixão deles. Quando Jesus olhou para uma multidão de mais de quatro mil pessoas que não tinham comido uma boa refeição em dias, ele disse a seus discípulos: "Tenho compaixão desta gente, porque há três dias que permanece comigo e não tem o que comer; e não quero despedi-la em jejum, para que não desfaleça pelo caminho". Quando veio para a praia e foi saudado por uma grande multidão de pessoas dispostas a serem ensinadas por ele, "compadeceu-se deles, porque eram como ovelhas que não têm pastor. E passou a ensinar-lhes muitas coisas".[2]

Uma vez, Jesus se deparou com o funeral de um jovem que acabara de morrer – o filho único de uma viúva, que não teria mais nenhum meio de se sustentar. Eis o que aconteceu:

---

2 Mt 15.32; Mc 6.34; ver Mt 6.34; 14.1.

"Vendo-a, o Senhor se compadeceu dela e lhe disse: Não chores! Chegando-se, tocou o esquife e, parando os que o conduziam, disse: Jovem, eu te mando: levanta-te! Sentou-se o que estivera morto e passou a falar; e Jesus o restituiu à sua mãe".[3]

Quando Jesus chegou à casa de seu amigo Lázaro e viu a irmã do falecido a chorar, "agitou-se no espírito e comoveu-se". "Onde o sepultastes?", Jesus perguntou, e o levaram até ao sepulcro. A Bíblia diz que ali, em frente do sepulcro de seu amigo, "Jesus chorou". Ninguém estava sob a ilusão de que esta expressão de emoção era qualquer outra coisa além do resultado de tristeza e amor. Os judeus que estavam ali balançaram a cabeça e disseram: "Vede quanto o amava".[4]

Você percebe que tipo de pessoa Jesus era? Ele não era o tipo de homem frio e calculista que faz reivindicações de reinado e divindade para si mesmo. Não, Jesus era um homem, cujo coração batia com amor profundo por aqueles que estavam ao seu redor. Ele gostava de passar tempo com os rejeitados da sociedade, comer com eles e até participar de suas festas, porque, ele disse: "Os sãos não precisam de médico, e sim os doentes. Não vim chamar justos, e sim pecadores, ao arrependimento".[5] Jesus pegou criancinhas nos braços, abraçou-as, abençoou-as e

---

3 Lc 7.13-15.
4 Jo 11.33-36.
5 Lc 5.31-32.

até repreendeu os discípulos, quando tentaram mantê-las longe dele porque estava muito ocupado. Jesus recebeu seus discípulos, contou histórias, falou gentilmente o nome de pessoas, encorajou, perdoou, fortaleceu, reafirmou e restaurou pessoas. Em resumo, ele *amou*.

Você percebe? Até quando fez coisas extraordinárias – coisas que somente Deus mesmo poderia fazer – Jesus as fez com uma ternura, compaixão e amor humano profundo. Ele não somente *era* humano; ele nos mostrou o que Deus tenciona que a humanidade seja.

Por que Deus, o Filho, se tornou homem? Porque precisávamos que ele fizesse isso

No entanto, é importante compreendermos que Jesus não veio *somente* para mostrar-nos a humanidade autêntica que Deus tenciona para nós. Não, Jesus se tornou homem porque precisávamos que ele fizesse isso. Precisávamos de alguém que nos representasse diante de Deus e fosse nosso substituto. Em última análise, essa é a razão por que Jesus veio – para ser um Rei Guerreiro, que salvaria seu povo amado.

Portanto, parte do que Jesus estava fazendo, quando se tornou humano, era *se identificando* conosco, tornando-se um conosco, para que pudesse nos representar. Foi por isso que Jesus insistiu, no primeiro dia de seu ministério público, que João Batista o batizasse. A princípio, João se opôs, porque sabia que seu batismo era para arrependimento – significando que era para aqueles que sabiam que eram pecadores e que estavam fazendo uma escolha para abandonarem seus pecados – e João sabia que Jesus, como o impecável Filho de Deus, não tinha necessidade de seu batismo. Jesus não repreendeu João por sua oposição; ele sabia, tanto quanto João, que não precisava se arrepender de coisa alguma. Mas essa não era a razão porque Jesus queria ser batizado; por isso, disse a João: "Deixa por enquanto, porque, assim, nos convém cumprir toda a justiça".[6] Em outras palavras, Jesus estava dizendo: "João, você está totalmente certo. Eu não preciso de um batismo de arrependimento, mas tenho em mente outro propósito para isto; agora, é bom e certo que façamos isto". Você percebe, Jesus estava sendo batizado não porque precisava se arrepender de qualquer pecado, e sim para deixar claro que estava se identificando completa e totalmente com seres humanos pecaminosos. Estava vindo ao nosso encontro na condição em que estamos, calçando os nossos sapatos, tomando seu lugar entre nós e dando os braços – para melhor ou para pior – a uma humanidade pecadora e corrompida.

---

6 Mt 3.15.

E você lembra o que aconteceu em seguida? A voz procedente do céu, identificando Jesus como o *eterno* Filho de Deus e instalando-o como o Filho de Deus *real*, o Rei de Israel. Há muito mais para observarmos nestas palavras vindas do céu, mas, por enquanto, basta que vejamos que *isto* é a razão por que Jesus foi batizado com um bando de pecadores: estava assumindo o ofício de ser o Substituto deles, seu Rei e seu Campeão.

A batalha começa

Marcos escreve que "logo o Espírito o impeliu para o deserto, onde permaneceu quarenta dias, sendo tentado por Satanás".[7] Esse foi um passo seguinte apropriado. Havendo assumido o reinado, tendo se identificado irrevogavelmente com pecadores, o Rei Jesus se levanta para travar por eles a antiga batalha, para adotar sua causa perdida e vencer por eles. Ele vai ao deserto para confrontar o inimigo mortal de seu povo, e começa a batalha que se estenderá pelo resto da história – entre Satanás, o grande Acusador, e Jesus, o grande Rei.

Até detalhes da história, aparentemente insignificantes, nos levam à compreensão de que o Rei Jesus estava lutando, de novo, a mesma batalha que seu povo, a nação de Israel,

---

7 Mc 1.12-13.

havia perdido. Pense no fato de que a tentação aconteceu no deserto; o deserto foi onde Israel peregrinou durante uma geração e fracassou tão desastrosamente. E os quarenta dias de jejum? Foi durante quarenta anos que Israel peregrinou no deserto, e, simbolicamente, Jesus enfrenta o mesmo – um dia para cada ano. O que está acontecendo aqui é inconfundível. Havendo vestido a coroa, Jesus está, agora, travando a luta em favor de seu povo.

Mateus nos fala, mais do que qualquer outra pessoa, sobre a tentação de Jesus por parte de Satanás. Foi um dos momentos mais dramáticos na vida de Jesus. À medida que Satanás apresenta a Jesus as três tentações, a intensidade da situação se eleva à estratosfera. Até a geografia da situação fala sobre isto: a primeira acontece no solo do deserto; a segunda, no pináculo do templo; e a última, no topo de uma montanha muita alta.

A primeira tentação de Satanás nem parece um teste. "Se és Filho de Deus", disse Satanás, manda que estas pedras se transformem em pães". Agora, tenha em mente o fato de que Jesus estivera jejuando por mais de um mês – talvez tendo apenas nutrição suficiente para sobreviver – e, por isso, estaria com muita fome. Além disso, em breve Jesus faria milagres que seriam muito mais incríveis do que transformar pedras em pães; portanto, o ato teria sido fácil para ele. Se isso é verdade, por que teria sido errado ele fazê-lo? A resposta está no modo como Jesus respondeu a Satanás: "Está escrito: Não só de pão viverá o homem, mas de toda palavra que procede da boca de Deus". O fato importante não é se Jesus faria *algo, ou qualquer coisa* que Satanás sugerisse. Era se Jesus reivindicaria – como Israel o fizera antes dele – seu próprio conforto e alívio, *naquele momento*, ou se ele se submeteria ao caminho de humildade e sofrimento que Deus, o Pai, havia colocado diante dele. No aspecto em que os seres humanos tinham pecado, tão frequentemente, por reivindicarem satisfação instantânea, o Rei Jesus confiou em Deus para sustentá-lo e cuidar dele.

Depois de Jesus haver vencido a primeira tentação, Satanás o levou a Jerusalém e o colocou no ponto mais elevado do templo. A altura teria sido estonteante. "Se és Filho de Deus", disse Satanás, "atira-te abaixo, porque está escrito: Aos seus anjos ordenará a teu respeito que te guardem; e: Eles te susterão nas suas mãos, para não tropeçares nalguma pedra". De novo, o que Satanás disse fazia sentido, e ele estava, nessa ocasião, citando as Escrituras para Jesus! Mas, assim como antes, a tentação era que Jesus reivindicasse seu próprio caminho e não o de Deus – reivindicasse, como Israel fizera tantas vezes – que Deus *provasse* seu cuidado de uma forma específica. Você percebe? Satanás estava tentando Jesus a exaltar a si mesmo acima de seu Pai, por tentar forçar seu Pai a agir antes do tempo certo, em vez de confiar na palavra de seu Pai. Jesus se recusou a fazer isso, e respondeu a Satanás: "Também está escrito: Não tentarás o Senhor, teu Deus". Em outras palavras, você não duvidará dele por exigir provas de seu cuidado. Confie em Deus, creia em sua Palavra, e ele cuidará de você, à maneira e no tempo dele mesmo.

A terceira tentação foi também a mais severa. Levando Jesus para o topo de uma montanha muito alta, Satanás mostrou-lhe todos os reinos do mundo e sua glória. E, depois, fez esta oferta: "Tudo isto te darei se, prostrado, me adorares". Que oferta audaciosa e traiçoeira! A criatura estava pedindo ao seu Criador que se prostrasse e o adorasse e, em retorno, lhe oferecia algo que o Pai já lhe havia prometido – mas *sem* o caminho de sofrimento, no qual o Pai de Jesus o colocara. Israel havia encarado esse teste repetidas vezes – a tentação de formar alianças com vizinhos poderosos, planejar e desobedecer, para ganharem segurança e até glória para si mesmo, da parte de outros seres humanos e não de Deus. Repetidas vezes, Israel cedeu a essa tentação; o Rei Jesus não. Ele terminou a luta, dizendo ao tentador: "Retira-te, Satanás, porque está escrito: Ao Senhor, teu Deus, adorarás, e só a ele darás culto".[8]

Você pode entender o que Jesus estava fazendo, nessa ocasião em que enfrentou Satanás no deserto? Estava reto-

---

8 Mt 4.3-10.

mando uma luta por justiça e obediência que seu povo Israel havia perdido, totalmente, muito tempo atrás. As três tentações que Satanás lhe dirigiu – desconfiança em Deus, forçar Deus a agir antes da hora, deixar de adorar a Deus – foram os fracassos notórios da nação de Israel. Eles foram vencidos por Satanás, que, por isso, as lançou, nessa ocasião, contra o Rei de Israel. No entanto, Satanás fracassou. O Rei Jesus o confronta passo a passo. O Campeão de Israel retoma a luta por seu povo e vence!

Lucas registra que, "passadas... as tentações de toda sorte, apartou-se dele o diabo, até momento oportuno".[9] Ainda não estava terminada, mas a batalha pela alma da humanidade – séculos e séculos em andamento – estava, agora, bem e verdadeiramente enfrentada.

---

9 Lc 4.13.

Capítulo 6

O Triunfo do Último Adão

Conflitos têm, frequentemente, raízes que são profundas na história. Se você ler notícias sobre guerras, batalhas e conflitos que estão acontecendo em determinado dia, descobrirá que esses eventos raramente se materializam a partir de nada. Às vezes, a origem dos conflitos retrocedem a séculos ou mais.

Assim foi com Jesus e Satanás. Quando Jesus enfrentou e venceu o grande Acusador no deserto, o encontro foi um momento culminante na história que se estendia por milênios, e que envolve toda a humanidade. Na verdade, foi o começo do fim desse conflito. Por séculos, Satanás se opusera a Deus e a seus planos no mundo, mas, na tentação, ele ficou face a face com quem o venceu – e de maneira decisiva. É verdade que Satanás sabia quem era Jesus; duas das tentações foram dirigidas especialmente à identidade de Jesus, como Filho de Deus. Mesmo sabendo disso, Satanás ainda acreditava que, de alguma maneira, poderia levar Jesus ao pecado. E por que não? Todos os outros seres humanos na história haviam caído. Por que não desta vez? Talvez Deus tivesse cometido um erro em tornar-se humano, em assumir a carne, a fraqueza e as limitações humanas. Talvez Deus tinha, finalmente, se tornado... vencível.

No fim daquele primeiro encontro com Jesus, Satanás deve ter compreendido que tinha uma esperança vazia. De fato, vendo que as melhores táticas de Satanás o levaram à derrota, podemos nos perguntar se ele não saiu dali sabendo que o fim estava próximo. Devemos nos perguntar se ele não lembrou da voz de Deus prometendo-lhe, vários milênios antes: "Quando o Rei vier, tu lhe ferirás o calcanhar, mas ele te ferirá a cabeça".[1]

O confronto deve tê-lo feito anelar pelos dias em que a guerra contra Deus pareceria estar indo melhor.

Ele queria destronar a Deus

A Bíblia não gasta muito tempo falando sobre Satanás. Seu foco está em Deus, no seu relacionamento com os seres

---
1 Gn 3.15.

humanos, na rebelião e pecado dos homens contra Deus e no plano divino para resgatá-los e perdoá-los. Mas, apesar disso, Satanás está ali, o Tentador e Acusador da humanidade, o maior inimigo de Deus e de seus planos. Não sabemos muito de sua origem, mas a Bíblia contem sugestões a respeito de onde ele veio. Acima de tudo, a Bíblia é clara em mostrar que Satanás não é, de modo algum, um tipo de *antiDeus*, igual em poder, mas apenas oposto, em caráter, ao próprio Deus. Em outras palavras, Satanás nunca é apresentado como o *yang* para o *yin* de Deus.

Na verdade, os profetas do Antigo Testamento indicam que, originalmente, Satanás era um anjo criado por Deus, para servi-lo como todos os outros anjos. Eis como Ezequiel o descreve:

> Tu és o sinete da perfeição, cheio de sabedoria e formosura.
> Estavas no Éden, jardim de Deus; de todas as pedras preciosas te cobrias: o sárdio, o topázio, o diamante, o berilo, o ônix, o jaspe, a safira, o carbúnculo e a esmeralda; de ouro se te fizeram os engastes e os ornamentos; no dia em que foste criado, foram eles preparados.
> Tu eras querubim da guarda ungido, e te estabeleci; permanecias no monte santo de Deus, no brilho das pedras andavas.

> Perfeito eras nos teus caminhos, desde o dia em que
> foste criado até que se achou iniquidade em ti.[2]

Quando você lê o livro de Ezequiel, observa que esta afirmação é pronunciada, mais diretamente, sobre o rei de uma cidade chamada Tiro. Todo o assunto é prefaciado pela ordem de Deus a Ezequiel: "Levanta uma lamentação contra o rei de Tiro".[3] Mas, outra vez, as profecias do Antigo Testamento são mensagens admiravelmente misteriosas e, às vezes, há mais se passando do que apenas o que aparece à primeira vista. Isso é o que acontece aqui. Desde as primeiras palavras desta mensagem, é claro que Ezequiel não estava falando apenas sobre o rei de Tiro. Afinal de contas, o que significaria dizer que esse homem – o governante de uma cidade litorânea rica, mas ainda relativamente obscura no antigo Oriente próximo – estava *no Éden*, que era um *querubim da guarda ungido* e *permanecia no monte santo de Deus*? Não faria sentido, de modo algum; seria exagero ao ponto de absurdo e fracasso poético.

Evidentemente, algo mais está acontecendo aqui, e o efeito é quase cinemático. É como se a face do perverso rei de Tiro estivesse expressando outra face – a face daquele que estava por trás do mal de Tiro, aquele que o impelia e o enco-

---

2 Ez 28.12-15.
3 Ez 28.12.

rajava, cujo caráter o refletia. Você entende o que Ezequiel estava fazendo, nesta profecia? Como uma forma de acentuar o poder de sua profecia contra o rei de Tiro, Ezequiel estava nos dando um vislumbre daquele que, acima de tudo, incorpora rebelião contra Deus – Satanás. Por isso, Ezequiel prosseguiu e descreveu a queda de Satanás de sua posição elevada: "Elevou-se o teu coração por causa da tua formosura, corrompeste a tua sabedoria por causa do teu resplendor; lancei-te por terra, diante dos reis te pus, para que te contemplem".[4] Outro profeta, Isaías, descreveu o pecado de Satanás nestes termos: "Como caíste do céu, ó estrela da manhã, filho da alva! Como foste lançado por terra, tu que debilitavas as nações! Tu dizias no teu coração: Eu subirei ao céu; acima das estrelas de Deus exaltarei o meu trono... subirei acima das mais altas nuvens e serei semelhante ao Altíssimo".[5]

Mais do que qualquer outra coisa, o pecado de Satanás foi orgulho. Apesar de todo seu esplendor e beleza, ele não se contentou em ser o que Deus o criara para ser. Ele quis mais. E quis ser, como Isaías disse, "semelhante ao Altíssimo". Satanás queria destronar a Deus.

Há alguma surpresa no fato de que, ao decidir atacar os seres humanos, tentá-los a se rebelarem contra Deus e segui-

---

4 Ez 28.17.
5 Is 14.12-14.

rem seu próprio caminho, Satanás o fez por prometer-lhes que, se rejeitassem a autoridade de Deus, poderiam também *ser como Deus*?

Um lembrete vivo de que Deus é Rei

A história retorna ao próprio começo da Bíblia, no livro de Gênesis, e logo fica claro por que a humanidade precisa de Jesus. Por tentar, com sucesso, os primeiros humanos a pecar, Satanás deu um golpe que ele achou que arruinaria toda a humanidade e a deixaria além de qualquer recuperação e, ao mesmo tempo, atingiria não somente o coração de Deus, mas também o próprio fundamento de seu trono.

A palavra *gênesis* significa começo; e isso é exatamente o que o livro descreve. Nos primeiros capítulos, Gênesis nos diz como Deus criou todo o mundo – a terra, o mar, os pássaros, os animais e os peixes – apenas pelo seu falar, para trazê-los à existência. E fica claro que, ao terminar a sua obra, a sua criação era boa. Também nos diz como Deus coroou sua obra criadora por fazer os seres humanos. O primeiro homem não era apenas outro animal. Era especial, criado por Deus "à sua imagem", diz a Bíblia, e colocado evidentemente acima do resto da criação. A humanidade tinha um lugar especial no coração de Deus e em seu plano. Eis como Gênesis descreve a criação do primeiro homem: "Então, formou o SENHOR Deus ao homem do pó da terra e lhe soprou nas narinas o fôlego de vida, e o homem passou a ser alma vivente".[6] A palavra hebraica que está por trás da expressão "o homem" é *adam*, que se torna naturalmente o nome do homem – Adão.

Deus foi bondoso para com Adão desde o princípio. Ele o colocou em uma área especial da terra chamada Éden, na qual Deus plantou um jardim. Além disso, no centro do jardim, ele colocou duas árvores especiais, a árvore da vida e a árvore do conhecimento do bem e do mal. A vida de Adão no jardim era boa, mas até essa altura ele era incompleto. Adão precisava de uma companheira, e Deus sabia disso: "Disse mais o SENHOR Deus: Não é bom que o homem esteja só; far-lhe-ei uma auxiliadora que lhe seja idônea". Assim, Deus fez o que qualquer um de nós faria, naturalmente, nesse momento: fez Adão dar nomes a todos os animais![7]

Ora, se você está se perguntando o que estava acontecendo ali, não está sozinho! Essa mudança no enredo da história tem deixado muitas pessoas em dificuldade para entendê-la. A maioria das pessoas, embora sejam cristãs há muito tempo, veem-na apenas como uma bela e ótima inserção de história infantil, um tipo de intervalo comercial antes da história ser

---

6 Gn 1.17; 2.7.
7 Gn 2.8-10, 18.

retomada com a criação de Eva. Mas, se você quer entender a Bíblia, um princípio importante que deve ser lembrado é que os relatos bíblicos não são aleatórios. O relato de Adão dando nome aos animais cumpre dois propósitos realmente importantes. Primeiramente, Deus está dando a Adão uma importante lição objetiva. À medida que todos os animais, pássaros, peixes e insetos passam por ele, e Adão profere palavras como "tigre", "rinoceronte" e "mosquito", chega à compreensão de que nenhuma daquelas criaturas funcionará como uma companhia apropriada para ele. Nenhuma é semelhante a ele.

Quando a lição é aprendida, Deus o faz cair em sono profundo e, tomando uma de suas costelas, cria a primeira mulher, que será a companheira de Adão. Imagine a empolgação de Adão, quando acorda e a vê diante de si! Ela era perfeita! Especialmente depois de ver quão terrivelmente a baleia azul, a girafa e a joaninha teriam falhado como companheiras, Adão exclamou: "Esta, *afinal*, é osso dos meus ossos e carne da minha carne; chamar-se-á varoa, porquanto do varão foi tomada".[8] Isso é uma parte da razão por que Deus fez Adão dar nomes a todos aqueles animais. Ele queria que Adão soubesse, sem qualquer antecipação, que a mulher fora criada especialmente para ele e, de maneira mais íntima, a partir *dele* mesmo.

---

8 Gn 2.23.

Havia outra coisa acontecendo no dar nomes aos animais. Deus deve ter se deleitado em ver Adão fazendo sua obra, mas aquilo não era brincadeira ou diversão. Era também a maneira de Deus comunicar a Adão que ele tinha um trabalho a fazer no mundo. Como a obra prima da criação – portador da imagem de Deus – Adão deveria governar o mundo de Deus. Dar nome a alguma coisa é uma maneira de exercer autoridade sobre ela, como um pai e uma mãe têm o privilégio de dar nome a seus filhos. Portanto, ao dar nomes para os animais, Adão estava realmente exercendo autoridade sobre eles. Estava realizando seu trabalho como vice-regente da criação de Deus, sob a autoridade do próprio Deus.

Esse fato é significativo, também, quando observamos que, ao ver a mulher, imediatamente Adão lhe dá nome – "chamar-se-á *varoa*, porquanto do varão foi tomada" – e, depois, a Bíblia diz que ele lhe deu nome outra vez – "E deu o homem o nome de Eva a sua mulher". Você pode ver o que Deus estava fazendo nessa ocasião. Estava instituindo todo o sistema de autoridade, no qual Adão recebe autoridade sobre Eva, e os dois juntos, como marido e mulher, recebem autoridade sobre a criação. E tudo isso tem o propósito de refletir a realidade de que Deus está assentado no trono, acima de tudo. Isso é a última parte do que Deus tencionava, quando disse que criaria o homem e a mulher "à sua imagem". Uma imagem ou estátua era usada frequentemente por reis conquistadores, para lembrar aos conquistados quem governava sobre eles. Colocada numa posição elevada, para que fosse visível para quase todos os lugares da região, a imagem dizia ao povo "este é o seu rei". O mesmo aconteceu com Adão e Eva, na criação. Independentemente de qualquer outra ideia inclusa no fato de haverem sido criados à imagem de Deus, tal fato significava que os seres humanos deveriam estar no mundo como lembrete, para todo o universo, de que Deus é o Rei. Assim como os seres humanos deveriam ter autoridade sobre a criação, também deveriam fazer isso como os representantes do grande Rei, Deus mesmo.

E tudo isso deve ter irritado a Satanás totalmente.

A devastação foi quase total

O ataque de Satanás aos seres humanos foi excelentemente planejado para destruir tudo que Deus havia feito no jardim. Você percebe? Ele não estava interessado apenas em conseguir que um pequeno ser humano cometesse um pequeno pecado contra Deus. Ele queria invalidar cada estrutura de autoridade, cada símbolo de reino e governo que Deus havia instituído. Ele queria que toda a estrutura da criação – de alto a baixo – fosse subvertida e que Deus fosse humilhado.

A Bíblia registra que Deus disse a Adão e Eva que eles eram livres para comer de qualquer árvore do Éden, exceto de uma – a árvore do conhecimento do bem e do mal. Essa árvore é significativa por várias razões. Por um lado, era um lembrete para os humanos de que sua autoridade sobre a criação era derivada e limitada; não era soberana. Quando Deus lhes disse que não comessem do fruto dessa árvore, não estava sendo caprichoso. Estava lembrando corretamente a Adão e Eva de que era o seu Rei; que, embora tivessem sido honrados como vice-regentes da criação, ele era o Criador e Senhor. Foi por essa razão que o castigo prometido pela desobediência foi tão severo: "No dia em que dela comeres, certamente morrerás".[9] Desobedecer essa ordem teria sido, para Adão e Eva, uma tentativa de rejeitar a autoridade de Deus – em essência, uma declaração de guerra contra seu Rei.

A árvore era significativa também por outra razão. Os primeiros leitores de Gênesis teriam compreendido imediatamente que "conhecer o bem e o mal" era o trabalho característico de um juiz em Israel. Significava que o juiz discerniria o bem do mal e, depois, prescreveria decisões que refletissem essas realidades. A árvore do conhecimento do bem e do mal era, portanto, um lugar de julgamento. Era o lugar onde Adão deveria ter exercido sua autoridade como protetor do jardim

---

9 Gn 2.17.

de Deus, garantindo que nenhuma coisa má entrasse no jardim e, se entrasse, que essa coisa má fosse julgada e excluída.

Foi exatamente neste lugar – na árvore de julgamento, que lembrava a Adão o governo supremo de Deus – que Satanás fez seu ataque. Tomando a forma de uma serpente, Satanás confrontou Eva, com a sugestão de que ela transgredisse a ordem de Deus e comesse do fruto. Eis como Gênesis descreve o encontro:

> Mas a serpente, mais sagaz que todos os animais selváticos que o Senhor Deus tinha feito, disse à mulher: É assim que Deus disse: Não comereis de toda árvore do jardim? Respondeu-lhe a mulher: Do fruto das árvores do jardim podemos comer, mas do fruto da árvore que está no meio do jardim, disse Deus: Dele não comereis, nem tocareis nele, para que não morrais. Então, a serpente disse à mulher: É certo que não morrereis. Porque Deus sabe que, no dia em que dele comerdes, se vos abrirão os olhos e, como Deus, sereis conhecedores do bem e do mal. Vendo a mulher que a árvore era boa para se comer, agradável aos olhos e árvore desejável para dar entendimento, tomou-lhe do fruto e comeu e deu também ao marido, e ele comeu.[10]

---

10 Gn 3.1-6.

O resultado foi trágico, e, pelo menos, naquele momento, uma vitória quase total para Satanás. Ele não somente convenceu os seres humanos amados de Deus a desobedecer-lhe – por prometer-lhes o que ele mesmo sempre quis, "ser como Deus!" – mas também fez o que planejara fazer desde o início: subverteu toda a estrutura de autoridade da criação.

Eis como: você já se perguntou por que Satanás se dirigiu a Eva e não a Adão? Embora Adão fosse quem havia recibo autoridade original, e embora o resto da Bíblia culpe Adão pelo pecado, Satanás dirigiu-se primeiramente a Eva. Por quê? Não foi porque Satanás pensasse que, de algum modo, Eva seria um alvo mais fácil. Não, foi porque o alvo de Satanás era humilhar a Deus e destruir sua autoridade. E Satanás queria fazer isso tão convincente e profundamente quanto possível. Portanto, ele não queria apenas que Adão pecasse contra Deus; queria que Eva corrompesse Adão e o levasse a rebelião contra Deus. Há, porém, ainda mais: você já se perguntou por que Satanás se dirigiu aos seres humanos na forma de uma serpente? Por que não o fez na forma de outro ser humano, ou, se tinha de ser um animal, por que não uma girafa ou um cachorro? A mesma razão: é porque Satanás queria que a subversão da autoridade de Deus fosse total e completa. Por isso, ele se dirigiu como um animal *sobre o qual Adão e Eva tinham autoridade* e também como (falando simbolicamente) *o mais baixo dos animais*, a serpente. Você percebe? As estruturas de autoridade parecem dominós. Um animal baixinho tentou a mulher, que corrompeu o homem, que declarou guerra contra Deus.

A devastação foi quase total. Adão falhou em suas tarefas de toda maneira imaginável. Em vez de julgar a serpente pelo seu mal na árvore do conhecimento do bem e do mal, ele se uniu na rebelião de Satanás contra Deus. Em vez de proteger o jardim e expulsar a serpente do jardim, Adão o entregou a Satanás. Em vez de crer na palavra de Deus e agir de acordo com essa crença, ele duvidou da palavra de Deus e deu sua confiança a Satanás. Em vez de se submeter a Deus e executar fielmente seu papel como vice-regente, Adão decidiu que queria tomar a coroa suprema para si mesmo. Assim como Satanás antes dele, Adão resolveu que queria ser "como Deus".

Um mundo de pesadelo

Os resultados do pecado de Adão foram catastróficos. Com o mundo em rebelião contra o Criador, Deus executou justiça e amaldiçoou o homem e sua mulher, bem como aquele que os havia tentado. Para o homem e a mulher, Deus decretou que a vida não mais seria um paraíso. Seria difícil, extenuante e penosa. O nascimento de filhos seria doloroso, o trabalho seria laborioso, e a terra seria mesquinha em seus frutos e bens. Pior de tudo, o relacionamento imediato que Adão e Eva haviam desfrutado com Deus estava rompido; eles foram expulsos do jardim do Éden para sempre. E o caminho de volta foi fechado e guardado por um anjo, que tinha um espada refulgente. Esse foi o significado mais profundo da promessa de morte por desobediência, a promessa feita por Deus. Sim, no devido tempo, Adão e Eva morreriam fisicamente, porém a morte mais importante que eles sofreram foi a morte *espiritual*. Foram separados de Deus, o Autor da vida, e sua alma morreu sob o peso da sua desobediência.

É importante entender que o pecado de Adão e Eva não afetou somente a eles. Afetou também todos os seus descendentes. Por isso, os capítulos seguintes da Bíblia mostram como o pecado se desenvolveu entre os seres humanos, enquanto as gerações passavam. Caim, o filho de Adão e Eva, matou seu irmão Abel, motivado por orgulho e inveja, e a partir daí o pecado começa a ter um domínio mais forte no coração dos homens. Os descendentes de Caim fazem progressos culturais – edificam uma cidade e conseguem avançar tecnológica e artisticamente – mas a história bíblica é clara em mostrar que os seres humanos se tornam cada vez mais endurecidos em seu pecado, cada vez mais comprometidos com rebelião contra Deus, em imoralidade e violência. Um dos descendentes de Caim até se orgulha de haver matado um homem apenas porque este o feriu, e se vangloria de que se vingará setenta vezes sete de todo aquele ousar prejudicá-lo. O pecado criou um mundo de pesadelo.[11]

Ao mesmo tempo, os efeitos físicos da sentença de morte decretada por Deus contra Adão e Eva – que seus corpos retornariam à terra como pó – estavam sendo executados não somente contra eles, mas... *contra toda a humanidade*. Há um capítulo em Gênesis que apresenta uma lista dos descendentes de Adão, e relata quanto eles viveram. O que é admirável neste capítulo – além do fato de que as pessoas tiveram uma vida muito longa – é o modo como termina o registro da vida de cada pessoa. Vez após vez, o registro da vida das pessoas termina com a expressão "e morreu". Adão viveu 930 anos e morreu. Sete viveu 912 anos e morreu. Enos... morreu. Cainã... morreu. Maalalel, Jarede e Metusalém... todos morreram. Como Deus havia dito, a morte estava reinando entre os seres humanos.[12]

Você percebe a importância disso? Quando Adão pecou, não o fez apenas como um indivíduo – nem sofreu as consequências de seu pecado apenas como um indivíduo. Quando Adão pecou, ele o fez como representante de todos aqueles que viriam depois dele. Foi por essa razão que Paulo disse no Novo Testamento que, "por uma só ofensa, veio o juízo sobre todos os

---

11 Gn 4.17-24.
12 Gênesis 5.

homens para condenação" e que, "pela desobediência de um só homem, muitos se tornaram pecadores".[13] Adão representava todos nós, agiu por todos nós, *rebelou-se* por todos nós.

Essa realidade impacta frequentemente as pessoas como sendo injusta. "Prefiro ser eu mesmo", elas dizem, "a ser representado por outra pessoa". Admiravelmente, parece que essa realidade não impactou qualquer dos filhos de Adão dessa maneira. Talvez porque, em parte, eles sabiam que, se Deus tivesse deixado cada um representar a si mesmo, não teriam feito nada melhor do que Adão fizera. Mas é também porque sabiam que sua única esperança de serem salvos era que Deus enviasse outra pessoa – outro representante, outro *Adão*, por assim dizer – que ficaria no lugar deles novamente e os salvaria. Adão havia representado a humanidade em submissão a Satanás e em rebelião contra Deus; o que era necessário, a partir de então, era outra *pessoa* para representar a humanidade, em obediência a Deus e vitória sobre Satanás.

Tudo se resume nisto

E isto foi exatamente o que Deus prometeu fazer.

Quase imediatamente, na sequência do pecado de Adão e Eva, Deus prometeu que agiria para salvar a humanidade por

---
13 Rm 5.18-19.

enviar outro Representante, outro Adão para ficar no lugar dos homens e, desta vez, ganhar a salvação para eles. Quando Deus faz essa promessa, esse é um momento de esperança maravilhoso, porque é a promessa feita no momento mais obscuro possível, quando Deus está executando juízo contra a serpente que tentou Adão e Eva ao pecado. Eis como Gênesis registra o que Deus disse:

> Visto que isso fizeste, maldita és entre todos os animais domésticos e o és entre todos os animais selváticos; rastejarás sobre o teu ventre e comerás pó todos os dias da tua vida. Porei inimizade entre ti e a mulher, entre a tua descendência e o seu descendente. Este te ferirá a cabeça, e tu lhe ferirás o calcanhar.[14]

Você pode ver a promessa no final? Um dia, Deus enviaria um Homem que feriria a cabeça da serpente, de uma vez por todas. Em outras palavras, este Homem faria o que Adão *deveria* ter feito como representante da humanidade, e, ao fazer isso, salvaria os homens do desastre que seu pecado trouxera para eles mesmos e todo o mundo.

Desse ponto em diante, a promessa de outro representante – outro Adão – se tornou a grande esperança da humanidade. Uma geração após outra aguardava o dia em que

---

14 Gn 3.14-15.

Deus cumpriria a sua promessa, e de tempos em tempos os homens se perguntavam se *esta* ou *aquela* pessoa seria o Redentor prometido. Por isso, quando Noé nasceu, seu pai, Lameque, exclamou com esperança: "Este nos consolará... nesta terra que o Senhor amaldiçoou".[15] Mas é claro que ele não consolaria. Sim, como Adão, Noé se tornou o representante da raça humana, mas quase imediatamente depois de sair da arca, ele mostrou que também era um pecador. Este segundo Adão defeituoso falhou como o primeiro; e ficou claro que o grande Redentor ainda não chegara.

No decorrer dos séculos e, principalmente, por meio da história de Israel, as esperanças das pessoas, quanto ao cumprimento das promessas de Deus, repousaram num representante após outro. Moisés, Josué, Davi, Salomão, os juízes, os reis – cada geração esperava que este ou aquele fosse o Redentor, mas as esperanças deles se revelaram vazias.

Mas, então, veio Jesus, o último Adão, que seria o representante da humanidade e faria o que o primeiro Adão não fez. Essa é a razão por que o confronto entre Jesus e Satanás no deserto foi tão importante. Jesus estava ali não somente como o campeão de Israel – o rei da linhagem de Davi – mas também como o Campeão da humanidade, aquele que venceria onde o primeiro Adão havia falhado.

---

15 Gn 5.29.

Você lembra as três tentações que Satanás usou contra Jesus no deserto? Foram os três famosos fracassos de Israel, mas foram também a essência do que Satanás tentara Eva a fazer no jardim do Éden. Não é difícil ouvir os ecos:

Transforme as pedras em pães, Jesus; você está com fome, satisfaça-se agora.
Olhe para aquele fruto, Adão; é agradável aos olhos, coma-o agora.

Deus cumpre realmente suas promessas, Jesus? Bem, eu digo que não. Por que não fazê-lo provar isso?
Deus realmente disse que você morrerá, Adão? Bem, eu digo que você não morrerá. Vamos provar a Deus e ver o que acontece.

Prostre-se e me adore, Jesus, e eu lhe darei todos os reinos do mundo.
Obedeça-me, Adão. Adore-me, e eu o farei semelhante a Deus!

A batalha de Jesus contra Satanás, naquele dia, não foi apenas uma batalha pessoal. Sim, ele estava experimentando tentações a fim de ser capaz de simpatizar com seu povo, mas estava também fazendo algo que seu povo nunca seria capaz de fazer – resistindo à tentação até ao fim de sua força, exaurindo-a, derrotando-a. E, no processo, enquanto ele travava a batalha em favor de seu povo contra o seu inimigo mortal, estava fazendo o que eles deveriam ter feito desde o início. Jesus estava obedecendo a Deus, honrando-o e adorando-o *por eles*, como seu Rei, Representante e Campeão.

Mas ainda não estava terminado. Embora Satanás tenha sido derrotado, a maldição – "certamente morrereis" – ainda permanece sobre a cabeça da humanidade, como uma espada. Por isso, embora o rei Jesus tivesse vencido a Satanás, suportando suas tentações até ao fim e, de fato, vivendo um *vida inteira* de justiça perfeita diante de Deus, a justiça ainda estava sendo executada, para que o pecado do seu povo não fosse ignorado ou deixado de lado. Eles haviam se rebelado contra Deus, cada um deles, e a justiça exigia que nada menos do que a sentença que Deus pronunciara contra eles – morte espiritual, separação de Deus e até ira divina – fosse executada totalmente. Qualquer coisa menos do que isso teria colocado em dúvida o caráter de Deus.

Você percebe? Se o rei Jesus teria de salvar o seu povo dos pecados deles, não bastava apenas derrotar seu grande inimigo. Afinal de contas, Satanás apenas os havia *tentado* ao pecado; eles mesmos fizeram a escolha de se rebelar contra Deus.

Isso significava que a sentença de morte era merecida e ainda estava em vigência. A fim de salvar seu povo, Jesus teria de exaurir essa maldição. Teria de deixar que a sentença de morte da parte de Deus – sua ira justa contra pecadores – caísse sobre si mesmo, em lugar de seu povo. Teria de ser o Substituto deles não somente na vida, mas também na morte.

Tudo se resume nisto: se o seu povo deveria viver, o Campeão teria de morrer.

Capítulo 7

Cordeiro de Deus, Sacrifício pelo Homem

João Batista sabia por que Jesus viera e o que Jesus teria de fazer para salvar seu povo.

Ao ver Jesus caminhando em direção ao rio Jordão, para ser batizado, João apontou para ele e exclamou algo que teria emocionado e confundido a multidão, ao mesmo tempo: "Eis o Cordeiro de Deus, que tira o pecado do mundo!"[1] A ideia de um cordeiro sendo dado a Deus, a fim de remover o pecado, era bastante familiar para os judeus. Mas, outra vez, por que João estava usando essa expressão para se referir a uma *pessoa*? Isso era nefasto. Afinal de contas, as pessoas sabiam o que acontecia com o cordeiro, depois que ele era dado a Deus como sacrifício pelo pecado.

Sua garganta era cortada, e ele sangrava até morrer.

---

1 Jo 1.29.

Alguém tinha de morrer

Diz-se que o sistema de sacrifícios judaico tem sua origem na saída da escravidão no Egito, mas suas raízes mais profundas estão bem atrás, no jardim do Éden, na sentença de morte que Deus proferiu sobre Adão e Eva, quando escolheram se rebelar contra ele. Se queremos entender os sacrifícios judaicos – e, em última instância, o significado do próprio Jesus – precisamos entender que, ao dizer a Adão e Eva que eles morreriam se pecassem, Deus não estava tomando uma decisão arbitrária. Não foi como se ele tivesse dito: "No dia que vocês comerem do fruto da árvore, certamente se tornarão um sapo", ou algo semelhante.

A razão por que Deus declarou a morte como consequência do pecado é que era perfeitamente apropriado e correto que ele fizesse isso. Como Paulo diria mais tarde, no Novo Testamento: "O salário [ou seja, o pagamento correto e merecido] do pecado é a morte".[2] Não é difícil entender por quê. Primeiramente, quando Adão e Eva pecaram, não estavam simplesmente quebrando uma regra sem importância que Deus havia estabelecido. Como já vimos, eles escolheram tentar remover de sobre si a autoridade de Deus. Em essência, estavam declarando sua independência de seu Deus.

---
2 Rm 6.23.

Evidentemente, o problema era que o próprio Deus – aquele de quem estavam declarando sua independência – era a Fonte e o Sustentador de suas vidas. É aquele que havia soprado a vida neles e mantinha a existência deles. Por isso, quando o relacionamento do casal com Deus foi rompido – ou seja, quando eles foram separados e excluídos de Deus – sua conexão com a única Fonte de vida foi rompida também.

Não somente isso, mas é também correto e bom que Deus se mostre irado para com rebeldes. A Bíblia nos diz que Deus é perfeitamente bom e justo em seu caráter. Em face disso, não deve ser surpreendente que ele reaja com ódio para com o pecado, que é, por sua própria natureza, uma adoção do mal e uma rejeição do que é bom, correto e justo. É claro que a ira de Deus não é semelhante à nossa; não é explosiva e descontrolada. É exatamente o contrário – uma oposição resoluta e intensa ao pecado e um compromisso de destruí-lo. Esta é a razão por que Deus disse a Adão e Eva que eles morreriam quando pecassem, e também por que todo ser humano que vive agora está sob essa sentença de morte: por causa de nosso pecado – por causa de nossa troca da bondade de Deus pelo mal egoísta – merecemos a ira de Deus e nos separamos da Fonte de toda a vida.

Esta é a origem mais profunda do sistema de sacrifícios de Israel. Deus estava ensinando ao seu povo que o pecado, por sua própria natureza, merece e exige a morte como seu pagamento. Mas havia outro princípio que Deus estava ensinando ao seu povo por meio dos sacrifícios, um princípio que dava esperança em meio ao que parecia desesperança horrível: *a penalidade de morte não tinha de ser paga pelo pecador!*

Tinha de ser paga por *alguém* – a morte ainda era exigida pelo pecado – mas Deus, em amor e misericórdia, tomou providências para que a sentença de morte fosse executada num substituto que assumiria o lugar do pecador. Se você pensar nisso, pode ver como este arranjo expressa magnificamente tanto a inflexível justiça de Deus, *quanto* a sua misericórdia. A penalidade exigida pelo pecado seria paga, e a justiça seria satisfeita, mas o próprio pecador não morreria necessariamente.

Talvez, o exemplo mais proeminente deste princípio seja a festa da Páscoa, a celebração de como Deus libertou seu povo da escravidão no Egito. A festa da Páscoa olhava para trás, para aquela noite específica, quando Deus executou dramática e terrivelmente a sentença de morte sobre o povo do Egito. Repetidas vezes, nas semanas anteriores, Deus havia advertido a Faraó de que sua recusa em deixar os israelitas saírem resultaria em nada mais do que morte, para ele e seu povo. Em nove vezes diferentes, Deus havia exibido seu poder e soberania sobre o Egito, por meio de uma série de pragas que afligiram a nação. Por meio das pragas, Deus estava confrontando e vencendo os deuses do Egito, derrotando-os, um após outro, e provando aos egípcios que somente ele é Deus.

O horror das pragas chegou ao seu principal momento na décima praga. Eis como Deus descreveu a Moisés o que estava para fazer ao povo do Egito:

> Disse o SENHOR a Moisés: Ainda mais uma praga trarei sobre Faraó e sobre o Egito. Então, vos deixará ir daqui... Cerca da meia-noite passarei pelo meio do Egito. E todo primogênito na terra do Egito morrerá, desde o primogênito de Faraó, que se assenta no seu trono, até ao primogênito da serva que está junto à mó, e todo primogênito dos animais. Haverá grande clamor em toda a terra do Egito, qual nunca houve, nem haverá jamais; porém, contra nenhum dos filhos de Israel, desde os homens até aos animais, nem ainda um cão rosnará, para que saibais que o SENHOR fez distinção entre os egípcios e os israelitas.[3]

Este era um julgamento devastador que Deus estava para derramar, mas ele também prometeu que seu próprio povo seria poupado – *se* lhe obedecessem e seguissem suas instruções. O que Deus ordenou que seu povo fizesse deve ter sido muito

---
3 Êx 11.1, 4-7.

amedrontador. Ele lhes disse que, à noite, o primogênito de toda família morreria, cada família deveria pegar um cordeiro – não um cordeiro defeituoso, mas um cordeiro sem qualquer imperfeição física ou mancha – e matá-lo ao entardecer. Então, a família deveria fazer um jantar com o animal. Mas, acima de tudo, Deus lhes disse que deveriam pegar uma parte do sangue do animal e passá-lo nos umbrais da porta de sua casa. Isto é a chave de toda a instrução, porque Deus disse que, ao passar pela terra do Egito para matar os primogênitos, veria o sangue nos umbrais e "não entraria" naquela casa, e a praga não os atingiria. Se fizessem todas essas coisas – se o cordeiro fosse morto, e a família se abrigasse atrás do sangue do cordeiro – seriam salvos.[4]

Agora, pare e pense por um momento: você tem realmente de perguntar se o povo de Israel ficou admirado ao ouvir que Deus passaria, também, por *suas* casas e vilas. Não havia sido dessa maneira em qualquer das nove pragas anteriores. Nessas, as rãs, os piolhos, as moscas, os gafanhotos, a chuva de pedras, as trevas, o sangue e as úlceras haviam afetado todo o Egito – exceto as cidades em que os israelitas moravam. Até esta altura, Deus fora cuidadoso em fazer uma separação nítida entre os israelitas e os egípcios. E os israelitas não tiveram de fazer coisa alguma, exceto ver tudo acontecer. Mas, nesta última praga, Deus

---

4 Êx 12.1-13.

lhes disse que visitaria suas casas com a praga de morte, como os egípcios, se não cressem nele e lhe obedecessem.

A noite em que Deus passou pelas cidades dos egípcios, matando, um por um, os primogênitos em julgamento pelo pecado do povo, deve ter sido horrível. A terra deve ter ficado cheia dos gritos dos egípcios, quando viram seus filhos mortos à noite. Alguém, talvez, pergunte se não foram unidos com os gritos e clamores de tristeza dos israelitas, também – aqueles que não haviam crido em Deus e desprezado a palavra de Deus. A Bíblia não diz.

Você percebe o que Deus estava ensinando a seu povo, naquela noite? Por um lado, era um lembrete chocante da culpa deles mesmos. Em última análise, Deus os estava lembrando de que não eram menos merecedores do juízo de morte do que os egípcios. Eles mesmos eram culpados de pecado.

No entanto, há outra lição. Na mente e no coração dos israelitas, deve ter sido gravado o poder e o significado do sacrifício substitutivo. Matar o cordeiro não era uma atividade asseada; era sangrenta e rude. O pai se ajoelhava ao lado do animal, tomava uma faca e cortava a garganta do animal; o sangue jorrava pelo chão até que o animal cambaleasse, sufocasse e morresse. Enquanto isso acontecia, todo olho se erguia, instintivamente, do cordeiro que estava morrendo para um menininho; e toda a família saberia: este cordeiro está morrendo para que o pequeno Josué não morra. O cordeiro estava morrendo no lugar dele.

Você percebe? Deus estava ensinando a seu povo, de uma maneira natural e impactante, que não removeria – de fato, não *poderia* remover – o pecado deles, simplesmente. Sangue tinha de ser derramado por causa do pecado. Alguém tinha de morrer, porque essa é a penalidade que o pecado exige. Assim, quando o pai passava o sangue sobre os umbrais, carregava o pequeno Josué nos braços e fechava a porta atrás deles, toda a família estava aprendendo que eram culpados e mereciam a morte. Deus não os pouparia por causa da inocência deles. Deus não os salvaria porque eram, de algum modo, menos merecedores da morte do que os egípcios. Não, Deus os pouparia porque outro morrera em lugar deles. Quando Deus passou sobre o povo de Israel, com a espada de juízo em sua mão, eles confiaram no sangue do cordeiro.

Não apenas um animal, desta vez

Com o passar do tempo, Deus instituiu todo um sistema de sacrifícios, pelo qual seu povo aprendeu que seu pecado – real e mal – poderia ser levado e pago por um substituto. Mas, Deus começou também a ensinar-lhes que nem sempre seriam animais que sofreriam a punição dos pecados deles.

Um dos exemplos mais significativos disto é realmente fácil de ser ignorado, porque é muito sutil. Mas, apesar disso, é um dos ensinos mais profundos e mais importantes em todo o Antigo Testamento. Depois de haverem saído do Egito, os israelitas passaram boa quantidade de tempo peregrinando pelo deserto e – creia ou não – reclamando que Deus não lhes dava água e comida suficiente. Repetidas vezes, Deus supriu a necessidade deles, mas, repetidas vezes, os israelitas reclamaram e murmuraram contra ele. Em Êxodo 17, a Bíblia nos fala de uma ocasião em que, pelo menos a princípio, parece ser apenas mais uma vez em que Israel queixou e Deus proveu água. Mas, na verdade, foi algo infinitamente mais importante. Deus iria ensinar a seu povo algo espetacular e totalmente inesperado.

Nesse dia específico, o povo chegara a um lugar chamado Refidim. E, como haviam feito tantas vezes antes, começaram a reclamar que Deus os levara ao deserto para matá-los – desta vez, de sede. Mas ali, em Refidim, a reclamação dos israelitas atingiu nova dimensão. Desta vez, a Bíblia deixa claro que eles estavam, realmente, pondo Deus à prova.

A Bíblia descreve as instruções de Deus para Moisés, em face das acusações do povo contra ele. Ele diz a Moisés que reúna o povo e se coloque diante deles, com os anciãos de Israel. Ora, isso é significativo, porque os anciãos eram aqueles que serviam como juízes da nação; julgavam casos em que eram apresentadas acusações como essas. Além disso, Deus falou a Moisés que levasse seu bordão. Isto é um detalhe importante, também, porque não era qualquer bordão. Era o bordão com o qual Moisés ferira o rio Nilo, para que se tornasse em sangue, e ferira o pó da terra, para que se tornasse em piolhos; era o bordão que Moisés estendera sobre o mar Vermelho, para fazê-lo retomar a sua força e destruir o exército dos egípcios. Em outras palavras, era o bordão que Moisés usava para *juízo*.

Portanto, todo o acontecimento assume uma forma distintamente ameaçadora. As pessoas estavam reunidas, os anciãos estavam reunidos, e o bordão de juízo havia sido trazido. Era como se Deus estivesse dizendo a seu povo rebelde e murmurador: "Vocês querem ter um julgamento? Muito bem, então tenhamos um julgamento". Alguém estava prestes a ser condenado. O julgamento estava prestes a ser executado.

Mas, outra vez, contra quem? Não contra Deus, mas contra *Israel*, por sua queixa, sua murmuração, sua infidelidade a Deus, que repetidas vezes lhes havia sido fiel. O bordão de julgamento estava prestes a cair sobre *eles*.

No entanto, há uma admirável mudança de eventos, realmente tão sutil, que até muitos daqueles que são cristãos há muito tempo não percebem. Veja como a Bíblia descreve o que aconteceu:

> Então, clamou Moisés ao Senhor: Que farei a este povo? Só lhe resta apedrejar-me. Respondeu o Senhor a Moisés: Passa adiante do povo e toma contigo alguns dos anciãos de Israel, leva contigo em mão o bordão com que feriste o rio e vai. Eis que estarei ali diante de ti sobre a rocha em Horebe; ferirás a rocha, e dela sairá água, e o povo beberá. Moisés assim o fez na presença dos anciãos de Israel.[5]

Você a vê ali, bem no meio do parágrafo? Vê onde cai o bordão de julgamento? Cai sobre a rocha, sim, mas quem é a rocha? Deus é a rocha. "Estarei ali diante de ti sobre a rocha", disse Deus, e "ferirás a rocha". Em outras palavras: "Com o bordão de julgamento que, por direito, *deveria* cair sobre meu povo, por causa de sua murmuração, pecado e infidelidade", Deus insistiu, "você *me* ferirá". E assim Moisés fez, e qual foi o resultado? Vida foi desencadeada; água fluiu da rocha!

Aqui temos o grande princípio de substituição levado a um novo nível. Esta vez, não foi um animal, mas Deus *mesmo* que recebeu o julgamento e a maldição que deveriam recair sobre seu povo! E, por causa disso, eles viveram e não morreram.

---

5 Êx 17.4-6.

Grande Rei e Servo sofredor

No decorrer dos séculos, Deus ensinou seu povo, cada vez mais, a respeito do princípio de substituição, até que o profeta Isaías, mais do que qualquer outra pessoa no Antigo Testamento, esclareceu tudo. Já vimos como o profeta Isaías anunciou que um Rei divino viria para governar o mundo, com justiça e retidão perfeitas, e para salvar o povo de Deus de seus opressores.[6] Isso seria, em si mesmo, glorioso, mas Isaías também profetizou que este Rei divino – chamado "Deus Forte" – também cumpriria o papel de Servo sofredor de Deus, que levaria os pecados de seu povo no lugar deles, recebendo a sentença de morte que mereciam.

Eis como Isaías descreve a obra deste Servo sofredor, divino e real:

> Certamente, ele tomou sobre si as nossas enfermidades e as nossas dores levou sobre si; e nós o reputávamos por aflito, ferido de Deus e oprimido. Mas ele foi traspassado pelas nossas transgressões e moído pelas nossas iniquidades; o castigo que nos traz a paz estava sobre ele, e pelas suas pisaduras fomos sarados. Todos nós andávamos desgarrados como ovelhas; cada um

---

6 Is 9.6-7.

se desviava pelo caminho, mas o SENHOR fez cair sobre ele a iniquidade de nós todos... Ele verá o fruto do penoso trabalho de sua alma e ficará satisfeito; o meu Servo, o Justo, com o seu conhecimento, justificará a muitos, porque as iniquidades deles levará sobre si.[7]

Você pode ver o que Isaías estava dizendo nesta passagem? Estava dizendo que este grande Rei não somente estabeleceria um reino de justiça perfeita. Ele também levaria sobre si mesmo – e esgotaria! – a penalidade de morte por seu povo. Absorveria a maldição que permanecia contra eles e os qualificaria a viverem com ele, para sempre, no reino que ele mesmo estabelecera.

Ele sabia por que tinha vindo

Tudo isso era o que João Batista tinha em mente, quando exclamou naquele dia: "Eis o Cordeiro de Deus, que tira o pecado do mundo!"[8] Ele reconheceu que Jesus era o sacrifício final, que morreria em lugar de seu povo, o Servo sofredor tão aguardado, que seria moído pelas iniquidades de seu povo.

---
7 Is 53.4-6, 11.
8 Jo 1.29.

Assim, como vimos, Jesus foi batizado não porque precisava se arrepender de seus pecados, e sim porque estava se identificando e se unindo com o povo pecaminoso que viera salvar – como Filho de Deus, como Representante, como Campeão e como Servo sofredor do Senhor. Esta é a última parte do que a voz procedente do céu significava, quando disse: "Este é o meu Filho amado, em quem me comprazo".[9] Estas palavras, "em quem me comprazo", são um eco deliberado das palavras do livro de Isaías que Deus falou, primeiramente, sobre o Servo sofredor.

Espero que você perceba, agora, a coisa extraordinária que estava acontecendo naquele dia, às margens do rio Jordão. Com seu batismo e as palavras vindas do céu, Jesus estava entrando plenamente em dois papéis – ofícios – que Deus tencionava que ele realizasse, desde o começo. Poderíamos até dizer que, com estas palavras vindas do céu, Deus declarou que Jesus era triplamente coroado – com a coroa do céu, como Filho de Deus, com a coroa de Israel, como o Rei tão aguardado, e a coroa de espinhos, como o Servo sofredor que salvaria seu povo, ao morrer por eles, no lugar deles.

Isso não foi uma surpresa para Jesus. Ele sabia por que viera e sabia exatamente o que lhe seria exigido, para salvar seu povo dos pecados deles. Teria de suportar a ira de Deus

9 Mt 3.17.

por seu povo. Isto é o que ele queria dizer, quando falou que tinha vindo para "dar a sua vida em resgate por muitos".[10] É o que pretendia dizer, quando passou a seus discípulos um cálice de vinho, em sua última ceia juntos, antes de sua morte, e disse: "Bebei dele todos; porque isto é o meu sangue, o sangue da [nova] aliança, derramado em favor de muitos, para remissão de pecados".[11] A linguagem era simbólica, mas a realidade por trás dela era tremendamente poderosa. Jesus iria morrer. O eterno Filho de Deus, o rei tão esperado, já havia tomado a espada e vencido a batalha de seu povo; agora, ele pagaria a penalidade do pecado deles. O Servo sofredor levaria a iniquidade de seu povo, morreria em seu lugar e os tornaria justos diante de Deus.

Nenhum outro caminho

Na noite antes de sua morte, Jesus compartilhou uma última refeição com seus discípulos, uma refeição que se tornou uma das mais claras explicações do que tudo isto significava. Cada ano, os judeus celebravam a Páscoa ao compartilharem uma refeição uns com os outros. Esta refeição deveria lembrar-lhes o grande livramento que Deus realizara, quando os

---

10 Mt 20.28.
11 Mt 26.27-28.

salvou da escravidão no Egito. Quando Jesus e seus discípulos compartilharam esta ceia, estavam celebrando uma salvação maravilhosa. Mas Jesus tinha outras intenções. Quando compartilhou a refeição com eles, Jesus explicou que em breve um ato de salvação ainda maior estava para acontecer, um ato que resgataria o povo de Deus não somente de escravidão física e morte, mas também de escravidão *espiritual* e morte. Um ato de amor ainda maior do que o êxodo estava prestes a ser realizado. Eis o que Jesus disse, na Última Ceia:

> Enquanto comiam, tomou Jesus um pão, e, abençoando-o, o partiu, e o deu aos discípulos, dizendo: Tomai, comei; isto é o meu corpo. A seguir, tomou um cálice e, tendo dado graças, o deu aos discípulos, dizendo: Bebei dele todos; porque isto é o meu sangue, o sangue da [nova] aliança, derramado em favor de muitos, para remissão de pecados.[12]

O amor de Jesus por seus discípulos o levou a este ponto: seu sangue seria derramado, para que eles fossem salvos. Ele morreria para que seus discípulos fossem livres e perdoados de seus pecados, sua incredulidade e sua rebelião contra Deus.

---

12 Mt 26.26-28.

O que vem, em seguida, é uma daquelas cenas da Escritura que você tem receio de contemplar. É muito íntimo e muito agonizante. Depois da ceia, Jesus levou seus discípulos para um jardim chamado Getsêmani. Ele sabia o que estava por acontecer e, por isso, se afastou para orar. A oração que Jesus fez, ali no jardim, foi agonizante, mas nos mostra, de novo, o amor que o levou a suportar a cruz: "Prostrou-se sobre o seu rosto, orando e dizendo: Meu Pai, se possível, passe de mim este cálice! Todavia, não seja como eu quero, e sim como tu queres".[13]

Você percebe? Havia realmente um caminho para o cálice – o cálice da ira de Deus, que Jesus estava prestes a beber – a ser passado. Havia um caminho para ele não ter de beber o cálice, de maneira alguma – e esse caminho era deixar que nós, pecadores, fôssemos sentenciados e condenados à morte para sempre. Isso foi o que Jesus quis dizer, quando falou que tinha legiões de anjos à sua disposição. Setenta e dois mil anjos permaneciam prontos para, quase imediatamente, a um *sussurro* de Jesus, trazê-lo de volta ao céu em glória, para o louvor e a adoração de bilhões de anjos que o teriam honrado como o Filho de Deus, perfeitamente justo e santo.

Mas Jesus não os chamou. Ele os deixou em atenção nas fronteiras do céu, admirando toda a cena, porque ele e seu Pai estavam determinados a salvar seu povo caído. E, quando essa

---

13 Mt 26.39.

determinação foi estabelecida, restou apenas um caminho para realizá-la – Jesus teria de beber o cálice da ira de Deus. Essa foi a pergunta de Jesus, ali no jardim: "Há outro caminho para salvá-los, Pai? Estas pessoas poderiam ser salvas de alguma outra maneira que não seja por eu sofrer a penalidade de morte e separação de Ti?" E a resposta veio em seguida, em silêncio, mas inconfundível: "Não, não há outro caminho".

Por quê? Porque Deus não poderia varrer o pecado para debaixo do tapete. Não poderia ignorá-lo, ou fingir que ele não acontecera, ou perdoá-lo instantaneamente. Deus tinha de *lidar* com o pecado – real, justa e corretamente. Afinal de contas, como disse o salmista: "Justiça e direito são o fundamento do teu trono; graça e verdade te precedem".[14] Esta é a razão por que Jesus beberia o cálice da ira de Deus – porque nos amou e quis salvar-nos, sim, mas também porque amou o Pai e não queria ver sua glória diminuída no processo de nossa salvação. Seríamos salvos, e Deus seria glorificado.

Mas somente se Jesus, o Rei, morresse.

Quando esteve pendurado na cruz

A prática romana de crucificação permanece como um dos métodos de execução mais cruéis, humilhantes e repug-

---

14 Sl 89.14; 97.2.

nantes que o mundo já conheceu. Era tão horrível, que o povo sofisticado e civilizado das sociedades grega e romana nem mesmo pronunciava a palavra *cruz* numa companhia educada. Era uma palavra detestada e se referia a uma forma de morte zombada e odiada.

No mundo romano, a crucificação nunca era um acontecimento privado. Era sempre aberto e intensamente público. Era assim, porque o seu propósito era aterrorizar as massas, para mantê-las em submissão às autoridades. Os romanos se asseguravam de que as cruzes que segurariam os corpos debilitados e contorcidos dos estavam morrendo – ou os corpos putrefatos dos mortos – estivessem frequentemente em linha, ao longo das principais estradas que conduziam às cidades. Eles até agendavam crucificações públicas em coincidência com festas civis e religiosas, para garantir que um número máximo de pessoas testemunhassem o horror. Assassinos, ladrões, traidores e, especialmente, escravos eram crucificados – de forma brutal – aos milhares, em todo o império e sempre aos olhos do povo. O horror da cruz era inescapável à vida romana, e as autoridades romanas tencionavam que fosse assim mesmo.

Devido ao número e à frequência das cruzes na sociedade romana, é surpreendente que registros antigos de crucificação sejam tão raros. Mas, outra vez, ninguém quis escrever muito sobre tal coisa. E por que o fariam? A cruz era uma oportunidade sancionada pelo governo para os executores realizarem, nas pessoas condenadas, suas fantasias mais sádicas, brutais e perversamente criativas. Por isso, talvez não seja surpreendente que os registros que temos de crucificação sejam geralmente curtos, e os autores apenas se refiram aos horrores, em vez de descrevê-los em detalhes. Parece que eles dizem: "Você não gostaria de saber".

Carne rasgada sobre madeira implacável, pregos de ferro fincados através de ossos e nervos estirados, juntas removidas do encaixe pelo peso do corpo, humilhação pública diante dos olhos da família, de amigos e do mundo – assim era a morte na cruz, "a estaca infame", como os romanos a chamavam, "a madeira estéril", a *maxima mala crux*. Ou, como os gregos a designava, a *stauros*. Realmente, não é admirável que ninguém falasse sobre crucificação. Não é admirável que pais tapassem os olhos dos filhos para não vê-la. A *stauros* era uma coisa detestável, e aquele que morria na cruz era também detestável, um criminoso perverso que servia apenas para ficar pendurado ali, como uma advertência pútrida e decadente para qualquer um que seguisse seu exemplo.

Foi assim que Jesus morreu.

A sua crucificação foi diferente de qualquer outra que alguém já tinha visto. Tudo sobre a cruz dizia que o homem pendurado *naquela* cruz não era um homem comum. Algo incomum estava acontecendo ali.

Por um lado, houve a maneira como Jesus *agiu*, quando esteve pendurado na cruz – o que ele disse para os que estavam ao seu redor. A maioria dos criminosos que eram crucificados nas cruzes romanas gastavam suas últimas horas ou implorando por misericórdia, proferindo insultos para os soldados e pessoas que os contemplavam, ou apenas gemendo em dores. Jesus não. Mesmo enquanto esteve pendurado na cruz, suportando os insultos das autoridades judaicas, os escárnios dos homens crucificados ao seu lado, e o desinteresse frio e calculado dos soldados romanos, Jesus foi movido por amor àqueles que o estavam matando. Quando um homem crucificado ao seu lado pareceu reconhecê-lo pelo que ele era, Jesus lhe disse: "Em verdade te digo que hoje estarás comigo no paraíso".[15] Quando os soldados lançaram sortes aos pés da cruz para repartirem entre si as vestes de Jesus, ele olhou para o céu e disse: "Pai, perdoa-lhes, porque não sabem o que fazem".[16] Admiravelmente, enquanto esteve pendurado na cruz, Jesus foi amoroso, salvador e deu esperança para os que estavam ao seu redor.

Houve também a sua tolerância da zombaria – a zombaria *incessante*. Os romanos tinham começado a zombaria durante o açoitamento, vestindo Jesus com um manto de púrpura, colocando um caniço em sua mão, para servir como cetro,

---

15 Lc 23.43.
16 Lc 23.34.

tecendo uma coroa de espinhos e pressionando-a sobre a sua cabeça. Depois, eles se prostraram diante de Jesus, em gozação, e exclamaram: "Salve, rei dos judeus!" O objetivo disso tanto era humilhar a nação dos judeus, quanto escarnecer de Jesus. E, quando esteve pendurado na cruz, seu próprio povo se uniu para ridicularizá-lo. "Salva-te a ti mesmo, se és Filho de Deus", uma pessoa disse, "e desce da cruz!". Outra disse: "Salvou os outros, a si mesmo não pode salvar-se". Mesmo diante de tudo isso, Jesus não disse nada em revide. Embora soubesse que muito do que eles diziam era ironicamente *verdadeiro*, Jesus apenas suportou.[17]

Depois, houve as trevas. Os escritores dos evangelhos nos dizem que desde a hora sexta até à nona – ou seja, desde o meio-dia até às três horas da tarde – trevas densas cobriram Jerusalém. Muita tinta já foi gasta, no decorrer da história, para tentar explicar o que foram essas trevas: talvez um eclipse, ou uma tempestade de poeira, ou uma atividade vulcânica. Mas as pessoas que viram aquelas trevas entenderam que era um ato de Deus mesmo. Lucas diz apenas: "Escurecendo-se o sol, houve trevas sobre toda a terra".[18]

De fato, as trevas que encobriram a terra, naquele dia, foram profundamente simbólicas do que aconteceu na cruz,

---

17 Mt 27.29, 40, 42.
18 Lc 23.44.

quando Jesus morreu. Você percebe, repetidas vezes na Bíblia, *trevas* são uma maneira de descrever o julgamento de Deus. São as trevas da morte e do sepulcro. Ali no Gólgota, aquelas trevas de julgamento envolveram a Jesus, o Filho de Deus, o Servo sofredor.

Quando as trevas se ergueram, Mateus nos diz que Jesus clamou em voz alta: "Eli, Eli, lamá sabactâni?", uma frase em aramaico que significa "Deus meu, Deus meu, por que me desamparaste?".[19] Era uma citação do Salmo 22, uma canção em que Davi sofreu, simbolicamente, em lugar de Israel. Mas, o que Jesus queria dizer neste clamor? Queria dizer que, naquele momento, sob as trevas de julgamento, ele estava representando seu povo, por tomar em sua própria alma a punição que eles mereciam – ser abandonado, excluído, banido e abandonado por Deus. Você percebe? Enquanto Jesus esteve pendurado na cruz, todo o pecado do povo de Deus foi colocado sobre ele, que morreu por eles. Como seu Campeão, seu Substituto, seu Rei.

Assim, a antiga sentença de morte, pronunciada primeiramente no Éden, foi executada. A maldição foi aplicada. Jesus, o Filho de Deus, foi abandonado por seu pai, por causa dos pecados de seu povo, e, com um forte clamor de "está consumado", ele morreu.[20]

---

19 Mt 27.46.
20 Jo 19.30.

O que aconteceu depois foi algo belíssimo. Mateus nos diz que o véu do templo – uma cortina de tecidos de 18 metros de altura, que separava o povo do Santo dos Santos, onde habitava a presença de Deus – se rasgou em duas partes, de alto a baixo.[21] Com isso, Deus sinalizou à humanidade que seu longo exílio da presença dele estava acabado, finalmente e para sempre. Depois de vários milênios, desde o dia em que Adão e Eva olharam para trás, em lágrimas, por terem sido expulsos do Éden, os humanos foram novamente convidados a entrar no Santo dos Santos e chegar à presença de Deus.

O Servo sofredor, o Rei dos reis, o Campeão da humanidade havia terminado sua obra. Por meio de sua vida, fizera tudo que a justiça exigia. Por meio de seu sangue, ele havia pago a penalidade que seu povo merecia pelos pecados deles. Revertera o triunfo de Satanás. Ganhara a salvação, de uma vez por todas!

E agora estava morto.

---

21 Mt 27.51.

Capítulo 8

Senhor Ressuscitado, Reinando do Céu

Os dois criminosos crucificados com Jesus ainda estavam vivos, e a tarde de sexta-feira chegava ao fim. Em qualquer outra cidade, os romanos talvez os deixariam lá, pendurados nas cruzes, durante a noite, e talvez até lhes dariam um pouco de comida e água, para que ficassem vivos e sofressem por dias. Mas decidiram não fazer isso daquela vez, não em Jerusalém. Embora os romanos mantivessem sob controle qualquer povo conquistado, eles eram relativamente respeitosos para com as tradições dos povos sobre os quais exerciam domínio. Assim foi com os judeus, e os romanos concordaram em respeitar o dia de descanso semanal dos judeus, o sábado, que ia do por do sol de sexta-feira até ao por do sol de sábado. Por isso, quando as autoridades judaicas pediram ao governador que fizesse algo, para que os corpos não ficassem nas cruzes durante o sábado, o governador concordou.

Isso implicou que os três homens crucificados precisavam morrer rapidamente. Assim, foi dada a ordem para que os soldados fizessem o que eles chamavam *crurifragium*. De certo modo, foi uma misericórdia insensível, quando um soldado se dirigiu até um dos homens crucificados ao lado de Jesus, brandiu a vara de sua lança contra as pernas do homem e quebrou suas canelas. O homem deve ter gritado, mas a agonia acabaria mais rapidamente a partir daquele momento. Porque o homem não poderia mais se erguer para respirar, morreria em poucos minutos. A mesma coisa foi feita com o outro homem; mas, quando chegaram a Jesus, tendo a lança em mão, os soldados perceberam que ele já estava morto. Isso foi uma surpresa para eles. Em geral, um crucificado não morria tão rapidamente. Portanto, para ter certeza, um deles ergueu a lança e a enfiou no lado de Jesus. Quando a puxou, uma mistura de água e sangue, separados, vazou da ferida – um sinal de morte inconfundível e inquestionável.

Alguns dos seguidores de Jesus, incluindo sua mãe, estavam lá, no Gólgota, assistindo a tudo isso. Eles viram os soldados pregarem os pulsos de Jesus na cruz e, depois, fincarem outro prego em seus pés. Viram a cruz ser levantada em seu lugar; viram o esplendor do sol ao meio-dia; ouviram Jesus clamar em agonia, enquanto experimentava o abandono de Deus; ouviram-no bradar que sua obra estava consumada; viram quando ele se inclinou para frente e morreu. E, cumpria-lhes, naquele momento, cuidar do corpo de Jesus. Os romanos não o fariam por eles.

Um dos seguidores de Jesus, um homem rico chamado José de Arimateia, havia mantido em segredo a sua crença em Jesus até esta altura, mas, por alguma razão, decidiu manifestá-la de forma pública nesta ocasião. Por isso, ele se dirigiu ao governador e perguntou se poderia se encarregar do corpo de Jesus. José tinha um sepulcro recém-escavado num jardim perto do Gólgota; e queria colocar o corpo de Jesus ali. Pilatos deu permissão, e, assim, José e alguns dos outros discípulos de Jesus começaram a obra desagradável de preparar seu corpo para sepultamento. A cruz foi abaixada, os pregos de ferro, removidos de seus punhos e tornozelos, e a coroa de espinhos que havia sido colocada em sua cabeça, lançada fora. Então, os homens começaram a embalsamar o corpo com especiarias e óleos: cem libras (cerca de 34 k), nos diz um escritor.[1]

O sol estava se pondo, e eles não puderam terminar o trabalho a tempo. Teriam de voltar bem cedo, na manhã de domingo, depois que o sábado tivesse acabado. Naquele momento, apenas envolveram o corpo de Jesus em roupas,

---
1 Jo 19.38-42.

o levaram ao sepulcro e deitaram ali. Em seguida, rolaram uma grande pedra sobre a entrada, para fechá-la, e foram para casa.

Pergunto-me, frequentemente, como foi aquele sábado para os que haviam dedicado suas vidas a seguir a Jesus nos últimos três anos. Talvez os acontecimentos dos últimos dias se revolveram em suas mentes; e devem ter se admirado do que estiveram pensando. Todas as promessas, os milagres, as profecias, as reivindicações, tudo estava acabado. Estou certo de que eles tinham perguntas em suas mentes – muitas perguntas – mas, o que sabiam com certeza era que Jesus estava morto, como qualquer outra pessoa. Os romanos tinham feito de Jesus um exemplo público e repulsivo, e os líderes judaicos haviam se livrado de outro problema. E as esperanças dos discípulos – que eles tinham depositado totalmente em Jesus, que esperavam ser o Cristo, o Filho do Deus vivo – morreram com ele.

Por isso, me pergunto como foi aquele sábado. A Bíblia nos diz que os discípulos se dispersaram depois que Jesus foi preso, e parece que a maioria deles se manteve escondida. Pelo que sabemos, somente um pequeno número deles estava presente na crucificação. Afinal de contas, era certo que se preocupassem com o fato de que as autoridades logo procurariam os seguidores daquele "falso messias", para matá-los.

Por isso, eles se acovardaram em suas casas ou nas casas de amigos, na esperança de escaparem da ira de Roma. E talvez até choraram. O que você faria, quando tudo que esperava se comprovou ter sido nada mais do que ilusão, um desejo que desapareceu no ar?

Jesus, o Filho Deus. O "Cristo". O "Rei de Israel". O "Herdeiro de Davi". O "Último Adão". O "Servo Sofredor".

Tudo era uma ilusão.

Esta era a dura realidade:

Jesus era um carpinteiro.

De Nazaré.

Era amigo deles.

E, agora, estava morto.

Isso era o que Maria e as outras mulheres deviam também estar sentindo, quando foram, no domingo, ao sepulcro de Jesus. Não estavam indo naquela manhã para ver se Jesus tinha cumprido sua promessa de ressuscitar dos mortos. Naquela altura, elas nem mesmo se lembravam que ele dissera tais coisas. Não, estavam indo para terminar o trabalho de embalsamar o corpo, porque não tiveram tempo para fazer isso antes do por do sol, na sexta-feira. Portanto, na primeira chance que tiveram, caminharam até o sepulcro para embalsamar um corpo crucificado morto havia dois dias.

Na verdade, o que elas viram, quando chegaram ao sepulcro, as deixou chocadas e mudou a história do mundo. Eis como Marcos o relata:

> Passado o sábado, Maria Madalena, Maria, mãe de Tiago, e Salomé, compraram aromas para irem embalsamá-lo. E, muito cedo, no primeiro dia da semana, ao despontar do sol, foram ao túmulo. Diziam umas às outras: Quem nos removerá a pedra da entrada do túmulo? E, olhando, viram que a pedra já estava removida; pois era muito grande. Entrando no túmulo, viram um jovem assentado ao lado direito, vestido de branco, e ficaram surpreendidas e atemorizadas. Ele, porém, lhes disse: Não vos atemorizeis; buscais a Jesus, o Nazareno, que foi crucificado; ele ressuscitou, não está mais aqui; vede o lugar onde o tinham posto. Mas ide, dizei a seus discípulos e a Pedro que ele vai adiante de vós para a Galileia; lá o vereis, como ele vos disse.[2]

Demorou um pouco para a realidade emergir. Afinal de contas, elas não viram realmente a Jesus; haviam apenas sido informadas por "um jovem" vestido de branco – um anjo –

---

2 Mc 16.1-7.

que Jesus estava vivo. As mulheres correram rapidamente para contar aos discípulos, e, depois, eles também foram até ao sepulcro, olharam em seu interior e viram as roupas de sepultamento de Jesus bem dobradas e colocadas de lado. Depois, voltaram para casa, admirados e maravilhados – e esperaram.

Uma mulher chamada Maria Madalena, uma discípula de longo tempo, foi a primeira pessoa a ver Jesus ressuscitado. Depois que os outros discípulos deixaram o sepulcro, Maria ficou para trás, chorando. Inclinando-se para olhar de novo para dentro do sepulcro vazio, ela ficou perplexa ao ver dois anjos, sentados na saliência onde o corpo de Jesus fora colocado. "Mulher, por que choras?", perguntaram. Ela respondeu: "Porque levaram o meu Senhor, e não sei onde o puseram".[3] Pare por um momento e considere isto: mesmo depois de tudo que acontecera – a pedra removida, o sepulcro vazio, os anjos dizendo que Jesus não estava entre os mortos – os amigos mais íntimos de Jesus não creram imediatamente que ele retornara à vida. Estava *muito distante* dos simplórios ingênuos que, às vezes, provaram ser. Exasperada, Maria Madalena até olhou para a face do anjo e lhe disse que *sua opinião* era que alguém havia levado o corpo do Senhor!

Naquele momento, o escritor João nos diz, Jesus apareceu por trás dela. Maria Madalena não tinha a menor ideia

---
3 Jo 20.13.

de que era Jesus e pensou que era o jardineiro. "Mulher, por que choras?", ele lhe perguntou. Ela lhe disse: "Senhor, se tu o tiraste, dize-me onde o puseste".[4] Talvez o jardineiro havia removido o corpo por alguma razão, ela pensou. Jesus não respondeu a pergunta.

Era tempo de Maria Madalena saber.

Então, Jesus lhe disse: "Maria!". Apenas o seu nome, com todo o amor, compaixão e poder com que sempre o dissera. E Maria reconheceu. "Ela, voltando-se, lhe disse, em hebraico: Raboni (que quer dizer Mestre)!"[5]. Era ele! Ali estava Jesus, o crucificado, vivo de novo!

Nos quarenta dias seguintes, Jesus esteve várias vezes com seus discípulos; às vezes, em pequenos grupos, às vezes, em grandes grupos. Conversou com eles e chamou alguns em particular, para falar individualmente com eles. Jesus os ensinou, explicou o significado de tudo que havia acontecido e os ajudou a crer que ele estava realmente *ali*! Quando perguntaram se ele era um fantasma, Jesus comeu peixe. Quando Pedro foi assolado por culpa por negá-lo, ele o perdoou. Um dos discípulos, Tomé, até declarou ousadamente que jamais creria que Jesus ressuscitara, se não pusesse o dedo nos buracos dos cravos e não pusesse a mão na ferida

---

4 Jo 20.15.
5 Jo 20.16.

de lança no lado de Jesus. Então, uma semana depois, Jesus foi até eles. Não bateu na porta, nem entrou caminhando. Não, as pessoas que estavam lá disseram apenas que ele... *veio*... e lá estava ele! Imediatamente, Jesus se voltou para Tomé, ofereceu-lhe uma das mãos e disse: "Põe aqui o dedo e vê as minhas mãos; chega também a mão e põe-na no meu lado; não sejas incrédulo, mas crente". Tomé ficou muito surpreso. Imediatamente, ele reconheceu e disse a Jesus: "Senhor meu e Deus meu!".[6]

Você precisa compreender que o homem que estava ali diante deles não era apenas alguém que havia *ressuscitado*, como se não houvesse estado bem morto na cruz e houvesse conseguido voltar à vida. Não era alguém que havia sido chamado de volta da morte, como o filho da viúva ou Lázaro. Não, no caso de Jesus, era mais como se ele tivesse passado pela morte e saído do outro lado. As feridas ainda estavam lá, mas não precisavam ser tratadas nem curadas. Elas permaneciam como uma prova gloriosa de como a morte o pegara por um momento, mas como ele a vencera. Para os discípulos, isso significava que tudo havia mudado. O desespero dera lugar ao triunfo, a morte à vida, a condenação à salvação, e a derrota lamentável à vitória surpreendente.

Jesus estava vivo!

---

6 Jo 20.27-28.

A ressurreição de Jesus:
Eixo, fundamento e clímax

A ressurreição de Jesus tem sido, através dos séculos, bastante controversa; e a grande questão que motiva toda a controvérsia sempre foi: aconteceu realmente? A controvérsia é compreensível, porque os riscos são enormes. Pense nisto: se Jesus realmente ressuscitou dos mortos, depois de ter sido crucificado, então algo muito extraordinário aconteceu; e todos deveríamos ouvir a Jesus, porque tudo que ele afirmou sobre si mesmo – ser Filho de Deus, o Rei dos reis, o Senhor da vida, o Servo sofredor, a segunda pessoa da Trindade – foi confirmado. Por outro lado, se ele *não* ressuscitou dos mortos, fiquemos tranquilos. Tudo está resolvido. A ressurreição de Jesus nunca deveria ser uma grande preocupação na história humana, e todos podemos seguir normalmente nossas vidas, porque Jesus foi apenas um dentre milhares de judeus do século I, que fizeram afirmações grandiosas a respeito de si mesmo e depois morreram. Ponto final.

Você entende por que os cristãos julgam a ressurreição tão importante? Ela é o eixo no qual gira todo o cristianismo. É o fundamento sobre o qual tudo mais descansa.

É o clímax que mantém junto tudo mais no cristianismo. Isso significa – *crucialmente* – que, ao afirmarem que Jesus ressuscitou dos mortos, os cristãos estão fazendo uma afirmação *histórica e não uma afirmação religiosa*. É claro que há implicações religiosas nessa afirmação, se você quer chamá-las assim, mas nenhuma delas é válida, se Jesus não ressuscitou dos mortos real, verdadeira e historicamente. Até os primeiros cristãos entenderam isso. Eles não estavam interessados em criar uma ótima história religiosa que encorajaria as pessoas, as ajudaria a levar vidas melhores e, talvez, lhes proveria uma metáfora de esperança, que floresceria a partir de desespero e os ajudaria a suportar as tempestades da vida. Não, os primeiros cristãos acreditavam que Jesus *havia saído do sepulcro* e sabiam que, se ele não tivesse feito isso, tudo que eles defendiam era vazio, falso e totalmente indigno. É como Paulo disse, em uma de suas cartas: "E, se Cristo não ressuscitou, é vã a nossa pregação, e vã, a vossa fé... se Cristo não ressuscitou, é vã a vossa fé, e ainda permaneceis nos vossos pecados... Se a nossa esperança em Cristo se limita apenas a esta vida, somos os mais infelizes de todos os homens".[7]

Em outras palavras, se Jesus não ressuscitou dos mortos, os cristãos são pessoas patéticas.

---

7 1 Co 15.14-19.

No entanto, há o outro lado da moeda: se Jesus ressuscitou dos mortos realmente, todo ser humano é confrontado com uma exigência de que creia no que ele disse, reconheça-o como Rei e se submeta a ele como Salvador e Senhor. E, é claro, meu amigo, isso inclui *você*.

Por isso, é muito importante que você – sim, você, que está lendo este livro – chegue a uma decisão sobre o que pensa a respeito da ressurreição de Jesus. Não basta apenas formar um julgamento sobre algo como isto. Você precisa meditar nisto e decidir: "sim, eu penso que isto aconteceu. Penso que Jesus ressuscitou dos mortos e creio que ele é quem afirmava ser", ou "não, não penso que isto aconteceu e rejeito as afirmações de Jesus". Às vezes, você ouve pessoas dizerem que é legítimo elas não terem nenhuma opinião sobre a ressurreição, porque ninguém pode chegar à verdade ou à inverdade das afirmações religiosas. Mas, como dissemos antes: os cristãos não estão fazendo uma afirmação religiosa, quando dizem que Jesus ressuscitou dos mortos. Estão fazendo uma afirmação *histórica*; estão dizendo que a ressurreição aconteceu tão certa e realmente quanto aconteceu que Júlio César se tornou imperador de Roma. É o tipo de afirmação que pode ser ponderada e investigada; pode ser julgada, e você pode chegar a uma conclusão a respeito dela.

Você pensa que a ressurreição aconteceu ou não?

Esta é uma verdade fundamental sobre os cristãos: nós pensamos, *realmente*, que a ressurreição aconteceu.

Não pensamos que os discípulos estavam experimentando algum tipo de alucinação coletiva. Isso nem mesmo faz sentido à luz de quantas vezes, quanto tempo e quantos grupos diferentes de pessoas viram Jesus.

Também não pensamos que tudo foi um grande engano. A última coisa que as autoridades judaicas queriam era um rumor de um messias ressuscitado se propagando; por isso, a primeira coisa que teriam feito, diante de tal rumor, seria produzir evidência para para acabar com ele. Mas nunca fizeram isso. E, por outro lado, se Jesus conseguiu sobreviver à crucificação, quão exatamente esse homem cambaleante, ferido, crucificado e perfurado de lança teria sido capaz de convencer seus seguidores teimosos e céticos de que ele era o Senhor da vida e o Vencedor da morte? Provavelmente, não muito, eu diria.

Além disso, nós, cristãos, também não pensamos que os discípulos estavam perpetrando um embuste ou uma maquinação. Se estivessem, o que exatamente eles esperavam conseguir com isso? E por que não pararam, quando ficou evidente que não conseguiriam o que estavam buscando – talvez, por exemplo, antes de os romanos os decapitarem ou meterem pregos nos seus pulsos?

Não, não era uma alucinação, ou um engano, ou um embuste. Algo mais havia acontecido, algo que teve o poder de transformar aqueles homens covardes e céticos em mártires de Jesus, testemunhas oculares que estavam dispostas a arriscar tudo por ele e suportar tudo – até morte angustiante – para dizer ao mundo: "Este homem Jesus foi crucificado, mas agora está *vivo*!".

Autoridade para reinar e julgar – e salvar

Depois do primeiro domingo, Jesus passou os quarentas dias seguintes ensinando seus discípulos e comissionando-os a proclamar seu reino no mundo. Depois, ele ascendeu ao céu. Ora, você pode entender isso como outra carga de linguagem mitológica que não significa realmente nada, mas os escritores bíblicos não pensaram desta maneira. Realmente, eles descreveram a ascensão de Jesus ao céu nos termos mais literais imagináveis:

> Ditas estas palavras, foi Jesus elevado às alturas, à vista deles, e uma nuvem o encobriu dos seus olhos. E, estando eles com os olhos fitos no céu, enquanto Jesus subia, eis que dois varões vestidos de branco se puseram ao lado deles e lhes disseram: Varões gali-

leus, por que estais olhando para as alturas? Esse Jesus, que dentre vós foi assunto ao céu, virá do modo como o vistes subir.[8]

Foi o tipo de coisa que deixou os discípulos com o pescoço erguido, olhando para as nuvens, perguntando-se aonde Jesus tinha ido. Não foi apenas uma ascensão espiritual; foi uma ascensão física.

No entanto, o *significado* da ascensão de Jesus é mais importante do que o próprio evento. Veja, não foi apenas uma maneira de Jesus sair convenientemente de cena. Foi o ato de Deus para entronizar Jesus e investi-lo de autoridade plena e final para reinar e julgar – e, maravilhosamente, para salvar! Se você reconhece a si mesmo como um pecador, que merece a ira de Deus por sua rebelião contra ele, então o fato de que Jesus está agora sentado no trono do universo é boas novas impressionantes. Significa que o grande Rei que, por fim, julgará você e o sentenciará é, também, aquele que o ama e o convida a receber salvação, misericórdia e graça de suas mãos.

Isso é o que a Bíblia afirma, quando diz: "Todo aquele que invocar o nome do Senhor será salvo".[9] Significa que Jesus, o Rei ressurreto que reina, Aquele a quem Deus confiou toda a

---

8 At 1.9-11.
9 Rm 10.13.

autoridade no céu e na terra, tem o direito e a autoridade para salvar pessoas de seus pecados.

O que você deve fazer agora?

Permita-me fazer uma pergunta. Se tudo isso é realmente verdadeiro, qual deve ser a sua resposta? Se Jesus ressuscitou realmente dos mortos, se ele é realmente quem afirmou ser, o que você deve fazer agora?

Permita que eu lhe mostre o que Jesus disse que você deve fazer. Não é difícil, nem complicado, e sabemos o que é porque Jesus nos falou claramente. Frequentemente, enquanto ensinava as pessoas, amava-as, confrontava-as em seus pecados e lhes dizia quem ele era e que poderia salvá-las, Jesus lhes disse que desejava que cressem nele – em outras palavras, que tivessem *fé* nele. "Arrependei-vos e *crede* no evangelho", disse Jesus. "Deus amou ao mundo de tal maneira", disse um escritor bíblico, "que deu o seu Filho unigênito, para que todo o que nele crê não pereça, mas tenha a vida eterna".[10]

Infelizmente, para muitas pessoas de nossos dias, as palavras *crer* e *fé* foram esvaziadas de seu significado. Para nós, são palavras sentimentais, ligadas a coisas como Papai Noel, coelho da Páscoa e dragões mágicos. Entretanto, séculos atrás,

---

10 Mc 1.15; Jo 3.16.

fé e crer eram palavras sérias e poderosas. Referiam-se a força, confiabilidade, fidelidade e confiança dados a alguém que demonstrara ser digno dessas coisas. Era sobre isso que Jesus estava falando, quando disse às pessoas que cressem nele. Jesus não queria dizer que você deve apenas chegar à conclusão de que ele existe, e sim que você deve *confiar* nele. Você deve considerar as afirmações, as palavras e as ações de Jesus e decidir se acha que ele é digno de sua confiança, digno de apostar sua vida nele.

Mas o que isso significa? Para que exatamente estamos confiando em Jesus? Bem, toda a história da Bíblia, como vimos, nos ensina que todos somos rebeldes contra Deus. Temos pecado contra ele, transgredido sua lei e rejeitado sua autoridade sobre nossa vida de inúmeras maneiras diferentes, e, por causa desse pecado, merecemos sofrer a penalidade que o pecado sempre traz – a morte. Merecemos morrer fisicamente, mas, ainda pior, merecemos que Deus derrame sua ira infinita sobre nós. Morte – esse é o salário que o pecado nos paga.

Portanto, precisamos, mais do que qualquer outra coisa neste mundo, ser declarados justos diante de Deus, em vez de culpados. Precisamos que ele declare a nosso respeito o veredito que é a nosso favor e não contra nós. E é neste ponto que entra a fé em Jesus. Estas são as boas novas, o evangelho, de Jesus Cristo: a razão por que Jesus veio a este mundo foi para que tomasse o lugar de pecadores como você e eu, para fazer o que deveríamos ter feito desde o começo e anular a maldição de morte que permanece contra nós. Por isso, ter fé em Jesus é um ato imensamente significativo. Quando cremos em Jesus, confiamos e descansamos nele; a Bíblia diz que somos unidos a ele como nosso Rei, Representante e Substituto. Imediatamente, o registro de injustiça, desobediência e rebelião contra Deus, de nossa vida, é atribuído a Jesus, e ele morre por causa disso, em nosso favor e em nosso lugar. E, ao mesmo tempo, a vida de Jesus, de perfeita obediência e comunhão com Deus, é atribuída a *nós*, e, com base nessa vida perfeita, Deus nos declara justos.

Você entende? Quando você é unido a Jesus por confiar nele para a salvação, uma troca magnífica acontece: Jesus recebe o seu pecado e morre por você. E você recebe a justiça de Jesus e vive por causa disso! Há, porém, muito mais: estar unido a Jesus por meio da fé significa que tudo que é dado a Jesus *por direito*, porque ele obedeceu perfeitamente ao Pai, também se torna nosso! Nenhuma das bênçãos da salvação é nossa por direito pessoal; não merecemos nenhuma delas. Mas todas elas são de Jesus por direito, e as recebemos porque estamos unidos a ele, em união de fé resoluta e confiante. Então, Jesus é declarado justo, e *você*, por consequência, é declarado justo. Ele está glorificado, e, *você*, por consequência, está glorificado. Ele está ressuscitado dos mortos, e *você*, por consequência – porque está unido com ele – está ressuscitado para a vida espiritual, com uma promessa de ressurreição futura. Essa é a razão por que a Bíblia chama Jesus de "as primícias" da ressurreição.[11] Ele vive por direito; nós vivemos por união com ele.

Isso não significa que Jesus é Representante e Substituto para todas as pessoas no mundo. Não, Jesus é Substituto para aqueles que reconhecem que ele é o que diz ser, que reconhecem que ele pode realmente fazer o que diz que pode fazer e, portanto, colocam sua fé, sua confiança e sua dependência nele. Veja, todos nós, como seres humanos, estamos em rebelião franca contra o Deus que nos criou. Por causa disso, Deus não tinha nenhuma obrigação de fazer qualquer coisa para nos salvar. De fato, ele poderia ter simplesmente destruído a todos nós e nos mandado para o inferno, e os anjos do céu o teriam louvado, por toda a eternidade, por sua justiça irrepreensível. "Isto sempre acontece a rebeldes contra o Altíssimo!", eles teriam dito. Mas Deus, tão somente porque nos amou, enviou seu Filho para oferecer misericórdia a todos nós rebeldes, que viríamos, nos renderíamos a ele, o reconheceríamos e o receberíamos como Rei legítimo. E, quando fazemos isso, ele também – com amor incrível – concorda em ser nosso Substituto, creditando sua vida justa em nossa conta e tomando para si mesmo a penalidade de morte que é contra nós.

---

11 1 Co 15.20.

Isso também não significa que a fé em Jesus não tem repercussões em sua vida. Não, quando você coloca a fé em Jesus, está reconhecendo-o como seu Substituto e Representante. Em outras palavras, está reconhecendo a Jesus como seu Rei, e isso significa que você deixará seu pecado e rebelião contra Deus. Esse deixar o pecado é o que a Bíblia chama de *arrependimento*. Significa que você declara guerra contra o pecado e se esforça para crescer em retidão, de modo que olhe cada vez mais para Jesus. Mas você não faz isso sozinho. Quando você está unido a Jesus pela fé, a Bíblia diz que o Espírito Santo – a terceira pessoa da Trindade – vem habitar em você. É ele, portanto, quem lhe dá poder e desejo para combater o pecado e se esforçar pela retidão.

Então, é isso! Isso é o que significa ter fé em Jesus. Significa que você confia realmente nele para salvá-lo, quando não há nenhum outro meio pelo qual você será capaz de salvar a si mesmo. Significa que você reconhece que não tem, em si mesmo, nenhuma esperança de prevalecer diante de Deus, de suportar a sentença de morte que, com justiça, está contra você e, muito menos, de merecer o veredito de justo, quando ele olhar para o registro de sua vida. Mas, por outro lado, também significa que você crê que Jesus *já* esgotou aquela sentença de morte em favor de pecadores como você, que ele *já* ganhou por mérito o veredito de justo que você precisa e que sua única esperança é confiar nele – totalmente – para ficar em seu lugar como seu Substituto.

Isso é o que o Rei Jesus – ressuscitado dentre os mortos e reinando do céu – convida todo ser humano a fazer. É um convite amplo, sem restrições, incondicional e inequívoco. A mão do Rei Jesus nem sempre estará estendida e aberta, mas agora ela está. A única pergunta é se você a aceitará, se prostrará diante dele em reconhecimento e confiará nele para ficar em seu lugar sob o julgamento de Deus – ou se você decidirá permanecer sozinho sob esse julgamento.

A escolha é sua. Pelo menos, por pouco tempo.

Uma Palavra Final:

Quem Você Diz que Ele É?

Pelo menos, por pouco tempo.
 Isso não é apenas retórico. O fato é que a mão do Rei Jesus não estará estendida para sempre em misericórdia. Um dia, talvez mais breve do que pensamos, o dia de misericórdia acabará, e o dia de julgamento chegará. Quando sua morte na cruz se tornava cada vez mais próxima, Jesus prometeu que um dia ele retornaria para julgar os seres humanos, de uma vez por todas. O dia de salvação, misericórdia e graça tem limite, e isso significa que um dia a escolha não será mais sua. Será feita a seu respeito, e a escolha será que você seja separado de Deus, de Jesus, para sempre.
 Essa é a razão por que é tão importante que você chegue *agora* a uma resposta para a pergunta "Quem é Jesus Cristo?".

Espero que, ao ler este livro, você tenha compreendido que essa não é uma pergunta que pode ser ignorada. Não importando o que você acabe pensando sobre Jesus, permanece o fato de que ele faz afirmações fortes, até incisivas, a respeito de você e de seu relacionamento com Deus. Certamente, você pode ignorar essas afirmações – pode ignorar qualquer coisa, se tentar com empenho – mas, quando alguém diz: "Você é um rebelde contra Deus, que o criou, e a sentença de Deus contra você é a morte. Eu me coloquei em seu lugar, para receber essa penalidade e salvá-lo", isso é algo a que você deve prestar atenção.

Talvez, você ainda não esteja pronto para colocar sua fé em Jesus. Se isso é verdade, por que não? Que outras perguntas você tem? O que o está impedindo? Uma vez que você identifique essas coisas, não fuja delas. Examine-as. Investigue-as. Ache respostas para as suas perguntas. Este assunto – Quem é Jesus Cristo? – é de importância crucial. Não o ignore, nem o adie. Se você chegar à conclusão de que "não, não creio que Jesus é quem a Bíblia diz que ele é; não creio que ele seja o que afirmou ser", então, que assim seja. Pelo menos, há alguma firmeza nisso.

No entanto, meu amigo, eis o meu apelo: não chegue ao dia do julgamento dizendo: "Eu deveria ter considerado mais seriamente; deveria ter examinado mais este assunto; deveria ter gasto o tempo necessário para achar uma resposta!". Todo outro arrependimento, no último dia, será nada em comparação a esse.

Por outro lado, talvez você esteja pronto a dizer: "Sim, penso realmente que Jesus é o Rei, o Filho de Deus, o Servo sofredor. Eu sei que sou um pecador e um rebelde contra Deus; sei que mereço a morte por causa dessa rebelião, e sei que Jesus pode me salvar". Se isso é verdade, então você precisa saber que se tornar um cristão não é uma coisa difícil. Não há rituais a serem realizados, nem palavras específicas a serem proferidas, nem obras a serem feitas. Você apenas rejeita seu pecado e confia em Jesus, descansa nele e crê nele para salvá-lo.

E, depois, você confessa ao mundo: isto é o que Jesus é! Aquele que salva pessoas como eu.

E como você!

IX 9Marcas

Sua igreja é saudável? O Ministério *9Marcas* existe para equipar líderes de igreja com uma visão bíblica e com recursos práticos a fim de refletirem a glória de Deus às nações através de igrejas saudáveis.

Para alcançar tal objetivo, focamos em nove marcas que demonstram a saúde de uma igreja, mas que são normalmente ignoradas. Buscamos promover um entendimento bíblico sobre: (1) Pregação Expositiva, (2) Teologia Bíblica, (3) Evangelho, (4) Conversão, (5) Evangelismo, (6) Membresia de Igreja, (7) Disciplina Eclesiástica, (8) Discipulado e (9) Liderança de Igreja.

Visite nossa página
www.facebook.com/9Marcas

FIEL
MINISTÉRIO

O Ministério Fiel visa apoiar a igreja de Deus, fornecendo conteúdo fiel às Escrituras através de conferências, cursos teológicos, literatura, Ministério Apoie um Pastor e conteúdo online gratuito.

Disponibilizamos em nosso site centenas de recursos, como vídeos de pregações e conferências, artigos, e-books, audiolivros, blog e muito mais. Lá também é possível assinar nosso informativo e se tornar parte da comunidade Fiel, recebendo acesso a esses e outros materiais, além de promoções exclusivas.

Visite nosso site

www.ministeriofiel.com.br

Esta obra foi composta em Goudy Old Style 11,5, e impressa na
Promove Artes Gráficas sobre o papel Polen Soft 70g/m2,
para Editora Fiel, em Maio de 2025.